뚱뚱해서 죄송합니까?

뚱뚱해서 죄송합니까?

예뻐지느라 아픈 그녀들의 이야기

1판1쇄 | 2013년 12월 2일

지은이 | 한국여성민우회

펴낸이 | 박상훈
주간 | 정민용
편집장 | 안중철
책임편집 | 이진실
편집 | 윤상훈, 최미정, 장윤미(영업), 성지희(외주 편집)
제작 | 김재선

펴낸 곳 | 후마니타스(주)
등록 | 2002년 2월 19일 제300-2003-108호
주소 | 서울시 마포구 합정동 413-7번지 1층(121-883)
전화 | 편집_02.739.9929 제작·영업_02.722.9960 팩스_02.733.9910
홈페이지 | www.humanitasbook.co.kr

인쇄 | 천일문화사_031.955.8100
제본 | 일진제책_031.908.1407

값 13,000원

ⓒ 한국여성민우회, 2013
ISBN 978-89-6437-197-8 04300
      978-89-6437-196-1 (세트)

이 도서의 국립중앙도서관 출판시도서목록(CIP)은 e-CIP홈페이지(http://www.nl.go.kr/ecip)와
국가자료공동목록시스템(http://www.nl.go.kr/kolisnet)에서 이용하실 수 있습니다.
(CIP제어번호: CIP2013024592)

생활의 발견 1

예뻐지느라
아픈 그녀들의
이
야
기

뚱뚱해서 죄송합니까?

한국여성민우회 지음

후마니타스

차
례

이 책은 한국여성민우회가 2013년 4월부터 6월까지 만난 여성 24인의 인터뷰를 기반으로 했으며, 이 가운데 20인의 목소리를 실었다. 하지만 행간에는 직접 실리지 않은 그녀들의 이야기도 숨어 있다. 또 성형OTL 기획단에 참여한 평화, 정엽의 이야기도 빌었다. 인터뷰에 응해 준 이들의 이름은 일부 가명을 사용했으며, 나이와 직업은 인터뷰가 이루어진 시점을 기준으로 했다.

권미령	50세	요식업	나이가 드는 것에 대한 걱정이 많다. '아줌마'로 보이지 않기 위해 팔자 주름과 미간 주름을 없애는 시술을 했다(4장).
김주애	57세	전업주부	딸과 외모에 대한 이야기를 나누던 중 성형수술을 결심했다. 자신의 콤플렉스를 닮은 딸에게 미안하다(1장).
마소	37세	보험설계사	대학교를 졸업하고 증권회사와 보험회사에서 일했다. 사람들을 만날 때 '신뢰감'을 주는 외모는 무엇인가에 대한 고민이 있다(3장).
막심	23세	간호사	간호사로 일하면서 병원의 암묵적인 외모 관리 요구에 답답함을 느끼고 있다(3, 4장).
모구	22세	임용고시 준비생	친구들 사이에서 외모 평가가 빈번한 것에 대한 불편함이 있다. 페미니즘을 만나며 외모 지상주의에 대한 고민이 시작됐다(1, 2장).
미니멜	39세	항공 승무원	18년 동안 항공 승무원으로 일하고 있다. 항공사에 승무원의 두발 자유화와 바지 유니폼 지급을 요구해 관철시켰다(3장).
믹맥	25세	취업준비생	외모 관리에 대한 스트레스는 없었으나 "취업하려면 살 좀 빼야겠다"는 주변의 충고를 들으며 다이어트를 고민 중이다(2, 3, 4장).
빅뷰티	25세,	대학생	고도 비만인 어머니 밑에서 자랐다. 성형외과 홍보 이벤트로 비포 애프터 모델에 선정되어 전신 지방 흡입 수술을 했다(1, 2, 4장).

서희	25세	취업준비생	학점과 영어 점수 등 취업에 필요한 모든 스펙에 대한 준비가 끝났지만 외모만큼은 여전히 준비 중이다(2, 3, 4장).
선화	38세	바리스타	20대 중반까지는 45킬로그램의 체중을 유지하다가 업무 스트레스로 1년 만에 60킬로그램으로 체중이 늘어나면서 주변 사람들로부터 매일 같이 살을 빼라는 말을 듣고 있다(1, 2장).
송미	25세	비영리기구 활동가	엄마의 권유로 다섯 살 때부터 다이어트를 했다. 엄마 때문에 한 일이었고 돌이켜보면 조금 가혹하다는 생각도 들지만 엄마에게도 그럴 수밖에 없는 이유가 있었다고 생각한다(1, 2, 3장).
안효진	16세	고등학생	방학 때마다 수술을 하는 주변 친구들이 많아졌다. 요즘 부쩍 다른 사람의 시선이 신경 쓰인다(2장).
오뷰	23세	대학생	7년 가까이 식이 장애를 앓았다. 자신의 이런 경험을 블로그를 통해 나누고 있다(4장).
이덕주	37세	화장품 판매직	해외 유명 화장품 브랜드의 판매 사원으로 일하면서 외모 관리에 대한 회사의 압박을 받고 있다(3장).
재희	22세	대학생	평소 주변에서 "넌 살만 빼면 진짜 예쁠 거야"라는 말을 자주 듣는다. 하지만 마른 몸보다는 내 몸에 적절한 운동이 중요하다고 생각한다(2, 4장).
지니	23세	대학생	네 자매 중 셋째다. 언니들의 일상적인 외모 코멘트와 운동하라는 압박에 스트레스를 받고 있다(1, 2장).
지은	29세	여성단체 활동가	한의원 간호사로 일하며 외모 관리 스트레스를 경험했다. 이후 여성단체에서 일하며 외모 스트레스에서 자유로워졌다고 생각했으나 결혼을 준비하며 드레스에 맞는 몸이 되어야 한다는 압박을 받았다(2, 3장).
진유미	30세	광고회사원	대학교 때는 외모 꾸미기에 관심이 없었다. 외모보다 중요한 일이 더 많았기 때문이다. 하지만 서른 문턱을 넘으며 외모 관리에 소홀했던 과거를 후회하고 있다(2, 3, 4장).
하늘	19세	대학생	'정말 살을 빼면 모든 일이 해결될까?' 다이어트를 하면서도 고민이 많다(2장).
희재	17세	고등학생	중학교 때 했던 쌍꺼풀 수술의 부작용으로 재수술을 고민 중이다(4장).

1

"걱정 마. 시집갈 수 있을 거야."
"언제까지 그렇게 살래?"
"영화처럼 살고 싶니?"

이는 모두 성형외과 광고 문구다. 하나같이 외모가 당신의 삶을 바꿀
수 있다고 이야기한다. 거기에는 '못생긴' 여자는 결혼도, 취직도, 행복한
삶도 불가능하다는 전제가 깔려 있다. 이런 광고를 보는 일은 이제 너무도
흔한 일이 되어 버렸다. 굳이 성형외과의 메카 압구정역을 찾지 않아도,
강남역에 가지 않아도, 홍대 거리를 누비지 않아도 우리는 언제 어디서나
이런 식의 이야기를 들을 수 있다. 철마다 유행하는 다이어트 '비법'을 따
라 하거나 누가, 어디를, 어떻게 성형했는지를 놓고 수다를 떠는 일 역시

일상이다. 연예인의 다이어트 성공담이나 실패담, 성형수술 고백 혹은 부정, 새로운 다이어트 방법과 성형 기술 등이 연예면·사회면 가릴 것 없이 매일의 뉴스거리가 되는 세상이다.

태희, 혜교, 지현……. 수많은 광고에서 수많은 연예인들이 명멸하지만 사실상 구현되는 여성의 '몸'은 하나다. 촉촉하고 하얀 피부, 커다란 눈망울, 오똑한 콧날, 풍만한 가슴, 잘록한 허리, 늘씬한 팔과 다리를 합성하면 바로 이상형의 그녀를 만날 수 있다. 미디어는 끊임없이 이런 비현실적이고 획일화된 몸의 이미지를 재생산하고, 연예인은 이를 실현 가능한 프로젝트로 만들며, 여성들은 이를 실천한다. 그것은 결국 여성으로서 경쟁력을 갖기 위해 갖춰야 할 '스펙'이 된다.

게다가 이와 같은 이미지의 재생산과 실천을 통해 성형과 다이어트는 점점 더 거대한 '산업'이 되어 가고 있다. 소위 '돈 되는' 성형수술이 기하급수적으로 늘어나면서 성형 광고가 일상에 침입했고, 성형외과나 피부과뿐만 아니라 산부인과, 심지어 정형외과에서도 성형외과적인 시술을 권유하는 광경을 볼 수 있다. 이런 사회에서 "내면의 아름다움을 찾으라"라는 언술만큼 비현실적인 구호도 없을 것이다.

하지만 외모 지상주의를 비판하는 언사들은 외모 관리를 요구하는 사회구조에 초점을 맞추기보다는, 성형이나 다이어트를 실천하는 여성들을 '비난'하거나 '훈계'하기 일쑤다. 한편에서는 '원조' 얼짱 인증에 열을 올리면서 '자연' 미인을 칭송하고, 또 한편에서는 성형수술을 한 여성들을 '성형괴물(성괴), 환생녀, 인조인간녀'라 부르며 거침없이 혐오를 드러낸다. 오늘날 여성들은 외모 관리라는 지상 명령과 외모에 집착하는 성형괴물이라는 오명 속에서 이중고를 겪고 있는 것이다. '못생기고 뚱뚱한' 그래서 '예뻐져야 하고 살을 빼야 하는' 여성이 견뎌야 하는 것은 비단 사회적 불이익과 혐오스러운 시선만이 아니다. 폭식증, 거식증, 자기혐오와 불안, 우울증 …… 여성들은 외모 관리 때문에 '아프다'.

2

한국여성민우회(이하 민우회)는 오래전부터 이 주제를 다뤄 왔다. 2000년대 초반 성교육, 초경 캠프 등 10대를 대상으로 한 프로그램에서 만난 여학생들 사이에서 습관적으로 살을 빼야 한다고 말하거나 쌍꺼풀 수술을 심각하게 고민하는 등의 이야기를 들으며 청소년들의 외모 관리가 건강에 악영향을 줄 수 있다는 문제의식을 느꼈다. 이후 민우회는 청소년의 건강권을 침해하는 중요한 요소들 가운데 하나로 '외모 지상주의'를 포착하고 2003년부터 2006년까지 매체 모니터링과 불법 성형 광고를 고발하는 활동을 했다. 2004년에는 "내 몸의 주인은 나: No 다이어트 No 성형 캠페인"과 엄마와 딸이 함께 자신의 몸을 긍정적으로 그려 보는 캠프를 열기도 했다. 또 2011년에는 "성형 OTL"이라는 제목으로 대학생 기획단과 함께 지하철 내 성형 광고를 모니터링하는 작업을 통해 대중교통 내 성형 광고의 심각성을 알렸다.

이런 문제의식을 기반으로 2013년에는 '왜곡된 몸'의 이미지를 개선하기 위해 "다르니까 아름답다" 캠페인을 기획했다. "다르니까 아름답다" 캠페인은 외모 지상주의를 조장하는 의료 시장, 미디어, 의류 시장 등의 사회구조적 문제를 여성들의 목소리를 통해 드러내고 정책과 사회 인식에 변화를 가져오기 위한 활동이다. 이런 취지에 동감하는 20~30대 여성들이 자발적으로 기획단에 참여했고, 함께 캠페인을 진행하면서 성형과 다이어트 경험이 있는 24명의 여성들을 만났다. 10대부터 50대, 고등학생부터 주부, 대학생, 항공 승무원, 간호사에 이르기까지, 전신 지방 흡입을 경험한 여성에서부터 거식증을 경험한 여성에 이르기까지 다양한 이들이다.

이 책에는 이렇게 해서 만난 24명의 여성들 가운데 20명의 목소리가 담겨 있다. 그들은 외모와 관련해 어린 시절 가족으로부터 받은 상처들, 친구가 무심코 던진 말이 낸 흠집들, 직장 상사나 회사의 황당한 외모 관리 요구, 전신 지방 흡입 경험과 식이 장애 등 쉽게 말할 수 없는 이야기들을 털어놓았다. 이 책은 무엇보다도 이와 같이 자신의 내밀한 이야기를 털어놓은 그녀들의 용기의 산물이다. 타인의 시선 속에서 고군분투하면서도 쉽게 굴하지 않는 그녀들에게 이 책이 작으나마 위안이 될 수 있기를 바란다.

3

인터뷰를 시작하면서 가장 우려했던 점은 인터뷰 진행자이자 활동가인 우리가 제삼자로 보이거나 그녀들을 재단하고 판단하는 걸로 비춰지지 않을까 하는 것이었다. 실제로 "여성운동 하시는 분들이라 외모 관리를 비난할 거라고 생각했어요"라는 이야기도 많이 들었다. 그리고 외모 관리라는 주제는 대부분의 여성들에게 친숙하고 생활과 밀접히 연결된 주제였기 때문에, 우리의 질문이 세상 물정 모르는 '순진한' 활동처럼 비춰지지 않도록 고민해야 했다.

이런 맥락에서 이 운동의 '당사자'에 대한 고민이 가장 컸다. 외모나 몸무게는 다양했지만 우리 역시 모두가 다이어트 경험을 가지고 있었다. 폭식과 절식을 오가는 다이어트는 물론이고 다이어트 약을 먹어 본 이들도 있었고, 이로 인해 건강에 문제가 생겼던 경험도 있었다. 하지만 외모의 차이는 운동의 '당사자'를 고민하게 만들었다. 한번은 인터뷰 기획을 취재하러 온 기자로부터 이런 질문을 받은 적이 있었다.

"이 활동이 못생긴 사람들의 피해 의식과 열등감에서 기인한 것이라는 사회적 시선에 대해선 어떻게 생각하십니까?"

솔직한 만큼 당황스러운 질문이었고 우선은 이렇게 대답했다.

"저희가 다루는 문제는 꼭 비만이거나 '못생긴' 분들만이 아니라 대부분의 여성들이 겪는 문제라고 생각합니다. 저희가 인터뷰했던 분들만 봐도 다양합니다. 몸이 크신 분, 작으신 분, 마른 분, 뚱뚱한 분……."

하지만 대답을 하고 나서도 마음 한구석은 석연치 않았다. 그 이유는 동료 활동가들과 이야기하며 알게 됐다. 끝내 하지 못했던 말이 있었던 것이다.

"못생긴 사람이 이 활동을 하면 안 되나요?"

기자의 질문 의도와 맥락을 이해하지 못한 건 아니었지만, '못생겼다'는 낙인이 정말 무시무시하다는 생각이 들었다. '못생기거나 뚱뚱한' 사람들이 외모 때문에 받았던 피해나 차별을 이야기하는 것이 어느새 유머의 소재나 열등감의 표출이 되어 버린 현실이 씁쓸하게 느껴졌다.

또 한 번은 정반대의 경험도 있었다. 플러스 사이즈 모델로 활동 중인 A를 만나 이야기를 나누던 중이었다. 그녀가 상대적으로 마르고 큰 키의 다른 활동가 B에게 물었다.

"본인이 이런 활동을 한다는 건 좀 어폐가 있지 않나요?"

한때는 다이어트 약을 복용하기도 했던 활동가 B는 자신을 운동의 당사자가 아닌 외부인으로 바라보는 태도에 무척이나 속상해 했다. 하지만 외모 지상주의를 비판할 때 외모에서 차별받지 않을 것 같은 사람과 동일한 '당사자'로 연대하는 것은 사실 석연치 않은 일이다. 외모 차별을 겪다 보면 외모밖에 안 보이는 것이 당연하다. 우리는 "이 사업은 살찐 사람이 유리하네. 살찐 게 특혜가 되는 건 이번이 처음이야"라고 웃어넘기기까지 많은 이야기를 했다.

그렇다면 '누가' 이 운동을 할 수 있을까? '못생긴' 사람도 안 되고, '예쁜' 사람도 안 된다면 누가 이 활동의 당사자일까?

4

머리를 맞대고 앉아 인터뷰 녹취록을 읽었다. 그녀들이 하는 말마다, 사연마다 꼭 내 얘기인 것만 같았다. 그녀들의 이야기는 곧 우리의 이야기 였다. 살이 좀 붙었다고 핀잔을 듣거나 농담거리가 되는 일부터 시작해 자매나 친구의 얼굴과 비교당하는 나, 스스로를 남과 비교하는 나, 시집이라도 가려면 살이라도 빼야 한다는 엄마의 잔소리에 귀에 딱지가 앉은 나, 무의식적으로 다이어트 비법 기사나 연예인 성형 기사를 클릭하고 있는 나.

엘리베이터에서 만원임을 알리는 '삐' 소리에 엄마가 "죄송합니다"라고 말했다는 빅뷰티의 이야기를 읽다가 회의 자리가 울음바다가 되기도 했다. 그녀들의 인터뷰를 읽는 회의 시간은 이성과 감성이 널뛰는 치열한 논쟁과 공감에서 우러나온 울분으로 끈적거렸다.

어떤 사회의 구성원이든 그 사회에 살고 있는 이상 어느 정도는 순응하고 타협하며 살 수밖에 없다. 외모 권력 사회를 살고 있는 우리 또한 벗어날 수 없는 트랙을 달린다. 대부분은 어떻게든 살아남는 길을 택하기 마련이다. 그것이 취업을 위해서든, 내가 다니는 회사를 위해서든, 딸 걱정하는 엄마를 위해서든, 아니면 그저 예뻐지려는 욕망에서든, 우리는 그런 선택을 '외모 지상주의 비판'이라는 잣대로 쉽게 판단하기 힘들었다. '그럼에도 불구하고' 우리는 트랙에서 벗어나는 길, 우리가 할 수 있는 일을 찾고 싶었다.

인터뷰를 통해 우리는 이런 외모 지상주의의 이면에는 가족관계와 언어, 노동 현장과 성형 산업의 문제가 뒤엉켜 자리하고 있음을 발견했다. 가족 가운데 특히 부모의 몸에 대한 인식이 그대로 대물림되고 영향을 미치는 점, 외모에 대한 무차별적인 말들이 몸에 남기는 상처, 날로 교묘해지는 노동시장에서의 용모 차별 실태, 성형과 다이어트 산업의 문제가 그녀들의 이야기에 녹아 있었다. 그리고 외모 관리가 자기 관리의 핵심적인 요소가 되어 가고 있는 사회에서 점점 병들어 가고 있는 그녀들의 모습이 보였다.

이 운동의 '당사자'는 여성들이다. 점차 외모 지상주의의 폐해가 남성을 억압하는 사례도 늘어 가고 있긴 하지만, 남성의 외모는 남성성의 핵심인 경제적 부양 능력과 결합된 부수적인 것이다. 즉, 남성은 여성처럼 외모(몸) 그 자체로 정체화되거나 평가받지 않는다(조주은, 『페미니스트라는 낙인』, 2007, 민연, 168).

이 책을 많은 여성들이 읽었으면 좋겠다. 특히, 자신의 몸을 미워하고 있는 여성들에게 조금이나마 힘이 되길 바란다. 그래서 우리가 잊고 있거나 불가능하다고 여기지만, 사실은 모두 깨닫고 있는 "다르니까 아름답다"라는 진실을 본인에게 선물해 줄 수 있으면 좋겠다. 그리고 이 책이 외모 만능주의 사회에 대한 문제 제기에서 한 발 더 나아가 어느덧 아무런 문제의식 없이 외모 품평을 즐기는 문화에 익숙해 있는 우리의 생활에 작은 변화를 줄 수 있으면 좋겠다.

5

이 책이 완성될 수 있었던 바탕이자 "제 이야기가 조금이라도 이 사회를 바꾸는 데 도움이 될 수 있다면 좋겠다"는 말로 기꺼이 함께해 준 24명의 그녀들에게 무엇보다 감사드린다, 인터뷰 질문의 구성에서부터 진행, 그리고 후속 작업까지 함께해 준 기획단, 사진 촬영을 함께해 준 혜영, 사진 촬영 공간을 내준 바라봄사진관, 갑작스런 부탁에도 흔쾌히 글을 써주신 김고연주 선생님, "내 몸을 사랑하는 40가지 방법"을 빼곡이 채워 준 민우회 회원들, 출판에 응해 준 후마니타스 출판사, 그리고 한국여성재단에 감사의 인사를 전한다.

2013년 11월

민우회 여성건강팀

1부   다른 목소리로

1
장

가족,   내 몸의 감시자가 되다

"엄마, 어쩌지? 애가 너무 못생겼어."

갓 태어난 나를 처음으로 마주한 엄마가 외할머니에게 한 말이다. 엄마는 '여자애
가 이런 얼굴로 이 험한 세상을 어찌 살아갈까' 생각하며 꽤나 고민했다. 하지만
엄마는 타고난 전략가다. 남의 입에서 고슴도치 딸자식이 못생겼다는 말을 듣게
할 순 없었다. 엄마는 남들 앞에 가면 늘 딸자식이 못났다고 광고를 하며 선수를
쳤다. 그리고 그 광고 효과로 내 실물을 본 사람들로부터 쉽사리 "귀엽구만!"이라
는 반응을 얻어 냈다.

그래도 엄마의 자식 걱정은 끝나지 않았다. 엄마는 내게 늘 이렇게 말하곤 했다.

"솔직히 넌 예쁘지는 않으니까 이렇게 독특하게 입고 다녀야 해. 알겠지?"

나는 예쁘지 않았기 때문에 독특하고 개성 있는 자아를, 무엇보다 그런 몸을 가져
야 했다.

___여경(민우회 여성건강팀)

엄마도 예쁜 딸이 좋대요

우리는 자신의 외모를 언제, 어떻게 인지하게 되는 걸까? 몸에 대한 인식은 시각이나 촉각 등을 통한 물리적인 체감보다는 타인의 시선과 평가에 대한 인식에서 시작된다. 특히, 어린 시절 외모에 대해 들었던 주변의 이야기는 자신의 신체 이미지나 자아를 형성하는 데 큰 영향을 미친다. 그 과정에서 부모, 형제 등 가족이라는 이름의 '가까운' 타인들은 가장 배타적이고 독립적인 공간인 몸의 경계를 허물기도 한다. 가족이라는 이름의 감시자가 되길 자처하는 것도, 자신을 닮은 자식에게 미안한 마음을 갖는 것도, 서로의 몸이 '연결'되어 있다는 어떤 자각이 있기 때문이다.

지니(23세, 대학생)＿＿원래 제 얼굴에 점이 많은 편이라서, 부모님이 저만 점 빼는 시술을 받게 해주셨어요. 근데 그것 때문에 작은 언니가 삐졌어요. 그래서 작은 언니한테는 노트북을 사주고, 큰언니한테는 피부 관리를 해줬어요. 사실 엄마는 저보다 예쁜 딸을 더 좋아했어요. 하루는 엄마랑 같이 길을 가는데, 엄마가 팔짱을 살며시 빼요. 저 위에서 큰언니가 걸어오니까 큰언니 옆으로 가버리는 거예요. 그런 모습을 저는 뒤에서 보고만 있었어요.

어느 날부터인가 지니의 집에는 다이어트 붐이 일었다. 네 자매 중 셋째인 그녀는 어릴 때부터 부모님보다 주로 자매들끼리 보내는 시간이 많았고, 그녀에게 큰언니는 "엄마 아빠와 같은 존재"였다. 하루는 큰언니가 그녀를 불러 세우더니 따끔한 충고의 말을 날렸다.

"반바지는 허용해 줄 수 있지만 46킬로그램이 될 때까지 치마는 안 돼."

그때부터 그녀는 치마를 입지 않는다. 내 옷차림까지 관리해 주는 "좋지만 무서운 큰언니"를 둔 덕분이라고 그녀는 말했다. 그러면서 그녀는 두 언니가 구체적으로 자신을 어떻게 관리해 주었는지 들려주었다.

지니(23세, 대학생)_____ 언니들 때문에 너무 힘들어요. 며칠 전에는 언니가 다이어트를 도와준다면서 먹지를 못하게 하는 거예요. 집에 가서 먹을 걸 들면 "내려 놔" 이러는 거예요. "아, 배고프다" 하면서 냉장고를 열면 "오이 깎아 먹어." 그래서 오이를 하나 들고 오면, "그거 반의반만 먹어라." 이런 식인 거죠.
그리고 운동할 때는 혼자 하고 싶은데 항상 따라 나와서 같이 운동을 해요. 귀찮은데 말이에요. 저희가 네 자매인데, 예전에 배드민턴 칠 때는 이랬어요. 저는 혼자 계속 치고 상대는 계속 바뀌는 거예요. 언니들이 저 운동시키려고 계속 교대해 가며 치는 거예요. 이쪽 끝에서 저쪽 끝까지 공을 일부러 멀리 던지고요.

부모로부터 인정받기 위한 형제자매 간의 외모를 둘러싼 경쟁 관계는 어느 순간 일종의 서로에 대한 '감시'를 동반한 동지적 성격을 보이기도 한다. 그녀도 언니들과 운동을 하고 식단을 조절하는 일이 마냥 힘들기만 하

거나 스트레스로 다가오는 것만은 아니다. 언니들이 있어 긴장감을 유지
하며 마음을 다잡을 수 있고, 마른 몸에 대한 욕망을 나누며 자매애를 느
끼기도 한다. 그러면서 어느덧 서로를 체크하며 함께 운동하는 데 익숙해
졌다고 그녀는 말한다. '날씬하고 예뻐지기'라는 동일한 목표를 공유하게
되는 것이다.

아빠 눈에 만큼은 내가 예뻐야 되잖아요

모구(22세, 임용고시생)_____고등학생 때 아빠가 "너는 (쌍꺼풀) 수술 안 하니?" 이러
는 거예요. 그래서 충격받아서 나중에 한번 해볼까? 그런 생각을 했어요. 사실
아빠 얘기 듣고 어이가 없었어요. 아빠가 그렇게 낳아 놓고 수술 안 하냐고 묻
다니 말예요. (웃음) 아빠가 시켜 줄 마음이 있었겠죠? 그래도 저는 좀 서운했
어요. 아빠 눈에만큼은 내가 예뻐야 되잖아요. 심하지는 않은데 우리 부모님
들이 그런 게 좀 있어요. 치아 교정도 하라고 해요.

믹맥(25세, 취업준비생)_____동생은 진짜 말랐어요. 화장이나 이런 것도 저보다 훨
씬 관심이 많아요. 엄마는 제게 그냥 살만 좀 빼면 좋겠다고 해요. 아빠는 뚱
뚱한 게 자기 관리를 못하는 거라고 생각해요. 저더러 "너는 세슬리시 살찌는
거"라고 말씀하세요. 제가 살을 뺐으면 하는 게 저희 가족의 소원이에요. (웃

음) 저만 마르질 않았거든요.

외모로 인해 크게 스트레스를 받아 본 적이 없던 모구는 고등학교 때 아버지가 던진 말에 큰 충격을 받았다. 아버지는 대수롭지 않게 한 말이었겠지만 그녀는 실제로 성형수술을 고민하게 되었다. 30대 후반의 미혼녀인 선화 역시 가족들로부터 일상적으로 살을 빼라는 말을 듣고 산다. 연애나 결혼에 대한 압박도 심해졌지만 늘 그 귀결은 살 이야기다. 그녀의 가족들은 그녀에게 늘 "심각하진 않지만 농담 섞인" 조언을 한다.

선화(38세, 바리스타)___ "살은 언제 뺄 거니? 살을 빼야 남자를 만나고, 남자를 만나야 결혼을 하지!" 엄마는 늘 그러세요. 그게 '여자의 일생'이라는 거죠. 내가 어떻게 살아가고, 어떤 일을 하고, 요즘에 어떤 기분으로 살아가는지, 어떤 데 관심이 있는지, 엄마한테 이런 건 전혀 중요한 게 아니에요. 너는 이제 나이가 찼으니 살을 빼서 남자를 만나 연애하고 결혼을 해야 한다, 중요한 건 그것뿐이에요. 연애를 안 한다고 하면 이유가 뭐냐? 일이냐? 살이냐? 일단은 살을 빼고 남자를 만나라, 그게 결론이에요.

여성에게 외모 관리는 연애와 결혼을 위한 필요조건이다. 한국 사회에서 외모 관리의 대상은 점점 젊어지고 있고, 그 책임은 자기 자신뿐만 아니라 그 어머니에게까지 미친다. 어머니들에게 젊은 딸의 외모는 끊임없는 관리의 대상이다. 특히 가족주의가 강한 한국 사회에서 외모는 교육만

큼이나 중요한 부모의 역할 수행 지표다. 딸의 외모 관리를 일종의 '투자'로 보는 사고 한편에는, 자신의 외모를 이어받은 그녀가 자신과 같은 삶까지 이어받지 않을까 하는 걱정이 존재한다. 그렇다면 '엄마'들의 이런 스트레스와 걱정은 어디에서 기인하는 걸까.

전업주부인 김주애 씨의 이야기를 들어보자.

김주애(57세, 전업주부)___ 딸내미가 어학연수 갔다가 10개월 만에 왔는데 "엄마 왜 이상하게 됐어? 왜 이래? 엄마 눈이 반쪽이 됐어" 그러더라고요. 항상 쌍꺼풀을 해야겠다는 생각은 하고 있었는데, 그 얘기를 듣고는 결단을 내렸어요. 원래 쌍꺼풀이 있었는데 눈이 자꾸 처져서 살짝만 했어요. 수술 후 만족도는 높았어요.

대부분은 애들이 성형수술을 하고 싶어서 엄마를 조르는데, 저는 제가 애들을 끌고 갔어요. 작은딸은 콧대가 좀 낮아서 코를 했어요. 이빨도 제가 교정 못한 게 한이 되어 교정해 주고요. 큰딸은 괜찮은데도 덩달아 하겠다고 해서 걔도 했죠.

제가 하체 비만형인데, 우리 딸들에게 제 체형을 물려준 게 미안해요. 근데 그렇게 태어난 걸 어쩔 수 없잖아요. 요즘 옷을 보면 주로 서양 사람들 체형에 맞춰져 있는데, 그런 옷들은 입기 곤란하고 영 어울리지 않는 것 같아요. 애들한테 미안하죠. 딸들이 고등학교 때 체형 때문에 '저주받은 하체'라는 얘길 듣기도 했대요. 사실 큰딸이 작은딸보다 저를 더 닮았어요. 요즘엔 남자들이 그런 체형 별로 안 좋아하잖아요. 근데 좋다는 사람 있어서 결혼했으니 다행이죠. 팔았으니깐 괜찮아요. 걱정했는데 팔렸어.

김주애 씨는 본인뿐만 아니라 딸들에게도 적극적으로 성형수술을 해주었다. 본인이 가진 콤플렉스가 유전되는 것에 대한 미안함 때문이었다. '저주받은 하체'도, 낮은 코도, 미의 기준이 '하나'인 사회에서는 적합하지 않은 몸이었다.

부모가 갖고 있는 몸에 대한 인식, 부모에게 들었던 몸에 대한 논평과 이야기는 자기 몸에 대한 최초 이미지를 형성하는 데 중요한 영향을 미치며 성인이 되어서도 끊임없이 그녀를 괴롭힌다. 정신분석 심리치료사인 수지 오바크는 자신의 저서 『몸에 갇힌 사람들』(김명남 옮김, 2011, 창비)에서 "몸도 부모나 다른 보호자와의 최초 접촉을 통해 올바로 형성되거나 잘못 형성된다"(36)고 말한다. 어른들이 갖는 몸에 대한 이해, 기대, 두려움이 아이에게 투사되고, 그것이 신체에 대한 아이의 인식에 큰 영향을 미친다는 것이다. 부모가 갖는 몸에 대한 불안은 대물림된다.

예뻐져야 한다, 그래야 부자와 결혼하니까

빅뷰티(25세, 대학생)＿＿어렸을 때는 스트레스를 받기보다는 저에게 주입시키려고 그러는 거라고 생각했어요. 초등학교 때부터 고등학교 때까지 매일 아침

식탁에 앉으면 엄마는 굉장히 나긋나긋한 목소리로 딱 두 마디를 하셨어요. "○○아, 넌 예뻐져야 한다. 그래야 부자와 결혼하니까." 무슨 주기도문처럼 매일매일 이 말을 들었죠. 그러면 저는 "응, 그래" 이렇게 무심하게 대답하며 밥숟갈을 뜨기 시작했죠. 그런데 대학 때 와서야 그게 얼마나 무서운 건지 알게 됐어요. 그때부터 엄마한테 항의를 많이 해서 지금은 그렇게 자주 이야기하진 않으세요.

어머니가 지금 현재 체중이 100킬로그램이 넘으시거든요. 제가 엄마 식성이랑 체질을 닮은 편인데요. 어머니는 자기혐오가 있고, 또 몸이 큰 여자로서 살아가는 게 얼마나 힘든지 아니까 저한테 굉장히 뭐라 하시는 편이에요. 이중적인 게, 먹지 말라고 그러면서도 밥을 몇 끼씩 챙겨 주세요. 그런 식으로 스트레스를 주는 편이죠.

빅뷰티의 어머니는 고도 비만이었다. 어렸을 때부터 "예뻐져야 한다"는 말이 '주기도문'인 집에서 살았기 때문에 우리 사회에서 큰 몸의 여자가 갖는 것이 가진 불안과 자기혐오를 고스란히 안고 자랐다.

그리고 그녀의 몸에 대한 혐오는 성인이 된 지금까지도 계속되어 최근 전신 성형수술을 했다. 그녀는 대학을 다니며 페미니즘 강의도 듣고, 엄마의 그런 인식을 비판적으로 바라보려고도 해봤지만, 한편으로는 엄마의 입장에 깊이 공감하고 있었다. 그녀에게 지방 흡입 수술을 하겠다고 결정하게 된 어떤 결정적 계기가 있었는지 묻자 그녀는 다음과 같은 일화를 들려주었다.

빅뷰티(25세, 대학생)_____지금까지도 잊을 수가 없는 일이 있어요. 제가 초등학교 때 어머니랑 같이 고층 아파트 사는 친척 집에 갔다가 나오는 길에 있었던 일이에요. 엘리베이터가 내려오다가 중간에 멈추고 어떤 아저씨가 타는 순간, 무게가 다 차서 '삐~' 하는 거예요. 저는 아무 생각 없이 있었는데 갑자기 어머니가 완전 소심하게, "죄송합니다" 이러시는 거예요. 깜짝 놀랐어요. 그래서 제가 엄마한테 "엄마가 뭐가 죄송해, 우리가 먼저 탄 건데!" 그러니까 엄마가 "내가 뚱뚱해서 그래" 그러시는데……. 어린 마음에 가슴이 너무 아픈 거예요. 왜 우리 엄마가 먼저 탔는데 미안하다고 해야 하나 싶고요.

어머니는 가난이 자신의 몸 때문이라 생각했다. 사실 그런 면도 없지 않았다. 어머니가 직장을 주기적으로 옮겨 다녀야 했던 이유도 고도 비만 때문이었다.

빅뷰티(25세, 대학생)_____어머니는 몇 년에 한 번씩 직장을 바꾸시는 편이에요. 요리사이신데 면접 볼 때 그렇게 힘들대요. 면접 때마다 대놓고 그런 말을 한다는 거예요. 그렇게 몸이 뚱뚱해서 요리는 제대로 할 수 있겠냐고……. 지금은 살이 많이 빠지셨는데 예전에 한 30대에서 50대 초반까지만 해도 면접 보면 항상 울고 오셨어요. "정말 잘할 수 있습니다" 하고 빌어야 취직이 되고, 이걸 아니까……. 저한테 항상 살 빼라고 말씀하시는데 저도 그런 엄마의 마음, 사랑을 알기 때문에 방황 안 하고 그냥…….

이유 없이 작아지던 엄마의 그 모습, 애원을 해야 겨우 일자리를 구할 수 있었던 굴욕적인 상황은 어린 마음에 큰 상처로 남았다. 그녀는 자신의 몸을 책망하며 사는 엄마가 안타까웠고, 자신과 닮은 딸을 보며 속상해 하는 엄마를 그냥 두고 볼 수 없었다. 그래서 그녀는 성형외과의 비포-애프터 모델을 신청해 전신 지방 흡입 수술을 하게 되었다.

그녀는 페미니즘을 배우며 큰 몸을 가진 여성이 겪어야 하는 애환과 그것을 만들어 내는 사회구조의 문제에 분노하면서도 적극적으로 성형을 '실천'하는 자신의 딜레마를 토로했다. 여성들은 성형과 다이어트를 권하는 사회에 분노하면서도 자신 역시 그런 편견으로부터 자유롭지 못하다는 어떤 무기력감을 느끼고 있다. 하지만 그녀와 그녀의 어머니를 가리켜 그 누구도 자기모순에 빠졌다고 쉽게 비난할 수는 없을 것이다.

엄마한테는 자기 꿈을 이룬 것 같나 봐요

빅뷰티(25세, 대학생)_____ 엄마가 저를 병원에 데려가셨어요. 처음에는 코만 하려고 했는데 병원과 딜을 해서 "눈까지 콜!" 하셨죠. 저는 멍하니 보고만 있었고요. 나중에 제가 지방 흡입 수술을 한다고 했을 때도, 일곱 시간이 걸린다고 하니까 걱정하시면서도 도와주시더라고요.

수술 후인 지금이 제 인생에서 가장 예쁜 시절인데요, 엄마가 특히 좋아하세요. 원피스도 사오시고 그러는데, 진짜 제가 못 입을 만한 작은 걸 사오세요. 엄마한테는 당신 딸이, 자신은 평생 가져 보지 못한, 남들이 인정해 줄 만한 라인을 가지게 된 게 당신의 꿈을 이룬 것 같나 봐요.

지방 흡입 수술은 의료적으로 매우 위험한 수술이다. 하지만 빅뷰티의 어머니는 딸의 수술에 적극 동의한다. 송미도 다이어트에 대한 이야기를 시작하며 엄마를 떠올렸다. 우량아로 태어난 그녀는 다섯 살 때부터 다이어트를 해야 했다.

송미(25세, 비영리기구 활동가)_____다섯 살 때부터 엄마가 다이어트를 시켰어요. 밥을 굶긴 게 아니라, 밤에 밥을 먹으면 살이 찌니까 저녁밥을 다섯 시에 먹이고 야식을 못 먹게 하고 일찍 재운다든지, 아니면 간식으로 과일만 먹게 한다든지, 집에 탄산음료를 들여놓지 않는다든지 하셨죠. 그리고 수영도 많이 시키고, 태권도도 시키고, 에어로빅도 시키고, 막 이런 식이었어요. 어떻게 보면 그리 문제가 되는 방식으로 다이어트를 시킨 건 아니에요.

어떻게 다섯 살짜리 딸에게 다이어트를 시키느냐는 게 주변의 반응이었지만, 그녀는 그런 반응에 반은 공감하면서도 반은 그렇지 않았다. 엄마가 비난 받는 것 같은 느낌이 들어 왠지 반박하고 싶은 마음이 들었던 것이다. '뚱뚱한' 여성이 되어 상처를 받고 살지는 않을까 걱정하는 엄마의 마음을 이해하기 때문이다.

32

송미(25세, 비영리기구 활동가)____우연히 엄마가 쓴 일기를 보게 됐어요. 한 6개월 전의 일기였는데, "송미가 다시 살이 찌기 시작해서 큰일이다. 그래서 오늘은 공원에 나가서 운동을 시켰는데 자꾸 들어가자고 한다"라고 적혀 있었어요. 저는 그때 초등학교 2학년이었는데, 엄마가 내가 뚱뚱하다고 생각하는구나 하는 게 딱 느껴지면서 좀 슬펐다고 해야 하나? 그랬어요.

엄마는 어떻게 보면, 저한테 사신감을 주기 위해 다이어트를 시킨 거죠. 그 당시에 다섯 살짜리 애가 앞으로 겪어야 될 상처 같은 걸 내다보고 살을 빼게 하려고 노력했던 거잖아요. 제가 볼 때는 엄마가 뚱뚱한 여성에 대한 차별 같은 걸 분명히 인지하고 있었고, 그걸 예방해 주려고 최선을 다했던 것 같아요. 근데 그 방식이, 가만히 생각해 보면, 상당히 찝찝해요.

아, 모르겠어요. 아시다시피, 이상이 현실이 되긴 정말 쉽지 않잖아요. 다양성을 추구한다고 말할 수는 있겠지만, 그렇다고 해서 "통통한 게 내 딸의 아이덴티티고, 그것도 다양성의 일부니까, 나는 내 딸의 지금 있는 그대로를 지지하겠다"라고 하기는 정말 어렵잖아요. 전 그런 건 비현실적이라고 봐요.

"엄마가 어려서부터 다이어트를 시켰어요"라고 사람들한테 웃으면서 말을 하긴 하는데, 엄마가 나쁜 사람으로 규정될 수 있다는 생각에 언제나 신성이 쓰여요. 다섯 살짜리한테 다이어트를 시킨다는 것 자체가 너무 가혹하잖아요. 저는 운동하고 그러는 게 재밌었거든요. 엄마가 그렇게 해주지 않아서 내가 통통하거나 뚱뚱한 상태로 있었으면, 더 힘들었을 것 같아요. 만약 그랬다면 전 "스펙업"(취업 관련 사이트) 같은 데 사진 올려놓고 '남의 품평이나 맘 졸이며 기다리고 있는, 엄청 소심한 사람이 돼있지 않았을까 싶어요. 정말 양가적인 감정이 드는 것 같아요. 애매하긴 하지만, 엄마의 관리 덕분에 결국은 마른 몸이 되고 나니까, "난 이제 거기서 자유로워. 난 남이 뭐라던 신경 안 써"라고 말만 하는 거 아닌가 하는 생각이 들기도 해요. 여전히 잘 모르겠어요.

그녀는 지금과 같은 마른 몸이 아닌 자신을 상상했을 때 엄마의 '가혹함'을 이해할 수 있다. 그래서 인터뷰의 상당 부분을 '엄마를 방어하기 위한 이야기'로 할애했다. 그녀는 가혹한 식습관 조절보다 힘든 것은 '뚱뚱한 사람은 결국 자기 관리에 실패한 미련한 사람'이라는 사회적 편견과 싸우는 일일 것이라고 생각했다. 그녀는 엄마가 이토록 자신의 몸에 집착하게 된 계기가 된 일화를 들려주었다. 그것은 그녀가 태어날 때부터 시작된 일이었다.

송미(25세, 비영리기구 활동가)____엄마한테 들었는데, 제가 태어났을 때 기억이 아직도 생생하대요. 아이가 태어나면 간호사들이 애기 체중 재고 그러잖아요. 그런데 그때 간호사들이 그랬대요. "얘는 왜 이렇게 팔 다리가 짧고 통통해? 배가 왜 이렇게 뽈록 나왔지?" 엄마는 그 얘기를 듣고 너무 화가 났대요. 방금 태어난 내 예쁜 애기한테 왜 뚱뚱하다고 그러냐고.
그리고 수영장 같은 데 가면, 애들이 수영을 하는 걸 내려다보는 자리가 있잖아요. 유아 체능단 같은 거 하면 애들이 수영복이랑 모자랑 다 똑같이 써서 누가 누구 앤지 모르는데, 엄마는 멀리서도 제 배가 뽈록 나온 게 보이더래요. 엄마 입장에서는 애 건강을 위해서 살을 빼도록 해야겠다는 생각을 할 수밖에 없지 않았을까 싶어요.

사회적으로 점차 마른 몸 열풍이 심화하면서 건강과 마른 몸이라는 이중 미션은 엄마에게도 많은 부담을 가중시킨다. 우리 사회에서 '엄마'는 가족의 식습관과 건강을 도맡아 책임지는 역할을 담당하기 때문이다. 그녀는 살에 대한 자신의 강박이 일정 부분 엄마 때문이라고 생각한다. 하지만 엄마에게는 분명히 그럴 만한 사정이 있었다고 되뇌는 것은, 이런 이중적인 부담을 안고 있는 엄마가 놓인 현실이 결국 본인도 발 딛고 있는 현실이기 때문이다.

사춘기 시절, 나는 뚱뚱하고 우울한 소녀였다. 뚱뚱하다고 사람들이 나를 쳐다보는 것이 싫어서 자주 구석진 곳에 숨어 있었다. 숨어 있다고 한들 뚱뚱한 나를 다 숨길 수는 없는 일이었다. 숨길 수가 없어서 어디에 갔다가 누가 뚱보라고 놀리면 나는 집으로 돌아와 어두운 곳에서 책을 읽었다. 책을 읽는데 누군가 나를 부르면 그렇게 싫었다. 세상이 나를 부르는 소리는 내 뚱뚱한 실존을 드러내라고 채구질을 하는 소리 같았기 때문이었다.

누군가에게 놀림을 받아 마음이 쓰라릴 때면 나는 또 구석에 앉아서 단팥이 들어간 빵을 집어먹었다. 더 뚱뚱해질까 봐 겁이 나는데도 먹었다. 빈속에 단맛이 들어가면 슬프고 외로웠다. 나는 그때마다 천장을 올려다보았다. 그때 그 천장을 올려다보던 마음이 내가 문학으로 가는 모퉁이었다. 나는 혼자였고 외롭고 누군가에게 끊임없이 놀림을 당하는 실존을 가졌다.

___허수경, 『길모퉁이의 중국식당』(2003, 문학동네) 중에서

다이어트를 해야겠다는 생각이 언제, 어디서, 어떻게 시작되었는지 생각해 보자. "고슴도치도 제 새끼는 예쁘다고 한다"는 속담은 지금 시대에는 통용되지 않는다. 인터뷰에 응해 준 그녀들은 몸에 대한 자각이 어린 시절에 머물러 있거나 가족 안에서 각인된 말 속에 있음을 고백한다. 그리고 엄마 아빠, 형제자매의 말들 역시 그렇게 해서 형성된 말들이었다. 개인의 몸에 대한 과도한 불안은 가족에게 전이되고, 이는 서로의 몸을 부정하는 악순환의 고리를 만든다. 가족 내에서 오히려 여성들이 적극적인 감시자가 되는 것은 서로를 과도하게 동일시하기 때문이다. 얼마 전 KBS 〈안녕하세요〉에서 방영된 헬스 트레이너의 사연도 그녀들의 이야기와 닮아 있다. 그녀의 고민거리는 고도 비만인 여동생의 지나친 자신감에 있었다. 헬스 트레이너라는 자신의 커리어에 동생의 큰 몸이 흠집을 낸다고 생각했기 때문에 다이어트 하지 않는 동생의 자신감이 고민이었던 것이다.

가족 안에서 여성들의 몸은 밀접하게 연결되어 있다. 돌봄 주체인 '엄

마'의 경우 가족의 건강을 유지해야 하는 임무를 부여받는데, 여기에는 딸의 몸을 '뚱뚱하지 않게' 관리해야 하는 기획자로서의 역할도 포함된다. 그렇지 않으면 "딸의 몸이 그렇게 될 때까지 가만히 있었냐"라는 질타를 받기 십상이다.

우리는 모두 각각의 몸을 가지고 태어난다. 가장 배타적이고 독립적인 공간으로서 몸을 인정하지 않고 서로를 감시하며 동일시하는 것은 피로감과 신경증을 수반할 수밖에 없다. 한 평도 안 되는 몸에 갇혀 끝없는 전쟁을 치르며 사는 것이다. 가까운 사람들이 서로에게 가장 스트레스를 주면서 말이다.

수지 오바크는 수많은 여성들을 상담하며 결국 몸에 대한 왜곡된 인식의 출발이 상당 부분 부모에게 있다고 말한다. 그녀는 예비 부모들과 초보 부모들에게 몸에 대한 올바른 인식을 심어 주는 캠페인을 벌여야 한다고 주장한다. 부모들로 하여금 제 몸과 아이의 몸을 있는 그대로 받아들이게 하는 것이 오늘날의 문제를 해결하는 가장 싸고 빠른 방법이라는 것이다 (오바크 2011. 17). 이 점에서 몸에 대한 인식이 가족 안에서 가장 먼저 형성되기 때문에, 오히려 자신의 몸을 긍정할 수 있는 공간으로서 가족의 또 다른 역할과 가능성이 제시되는 것이다.

2
장

몸과   말

동네를 무심히 걷고 있었다. 저 멀리 아빠가 보인다. 어색하게 눈을 몇 번 마주치는 동안 대화를 할 수 있을 만큼 거리가 가까워졌다. '지금 입고 있는 반바지는 덩치가 커 보일 텐데…….' 아빠의 눈빛에서 나는 무슨 말이 나올지 벌써 눈치 챌 수 있었다. 내게는 모두가 늘 이런 식이었다.

"5킬로그램만 빼면 딱 좋겠다"는 둥 "등빨이 장난 아니"라는 둥, "이제는 미씨(아줌마를 순화한 말임에 틀림없다) 티가 난다"는 둥 모두가 내 살에 대해 이야기하지 못해 안달이었다.

나는 말이 벌레가 되어 내 몸 속에서 기생한다는 느낌을 자주 받는다. 그 벌레가 무지막지하게 커지고 끈끈해지면 세포분열을 해 내 머리와 팔뚝과 다리통에 퍼지고야 마는 것이다. 나는 몸에 대한 말들에 대항하기보다 그것을 가슴속 깊이 내면화했다. 무기력함과 다이어트를 해야겠다는 다짐이 내 몸을 휘감았다.

스무 살이 되던 해, 5년여의 다이어트로 1년간 월경이 멈췄다. 음식과의 관계는 기형적이었으며, 자기혐오와 자기 연민 사이에서 허우적댔다. 생각해 보면 죽을 만큼 몸을 혐오한 시간이었다. 왜 그렇게 나는 내 몸이 몸이 미웠을까.

___ 시무룩 (민우회 회원)

"건강 생각해서라도 살 좀 빼"

"요즘 맘 편한가 봐. 살 올랐어."

"옷 터지겠다!"

"요즘 운동해? 살 빠졌네."

친밀함을 표현하거나, 상대를 걱정해 준다는 명분으로 활용되는, 몸에 대한 말하기는 이제 우리의 일상이 되었다. 우리는 외모에 대한 핀잔이든 칭찬이든 관심을 명목으로 교환되는 몸에 대한 '말들' 속에 살고 있다. 몸에 대해 언급하는 것이 무례하거나 불편한 일일 수 있다는 가능성조차 생각하기 힘들 만큼 몸에 대해 말하는 문화는 너무나 자연스럽다. 직장이든 학교든 집이든 다양한 공간에서 우리는 타인의 몸에 대해 말하고 듣는다. 문제는 이 말이 미치는 영향이다. 이런 대화에서 몸이 변형되거나 교정될 수 있다는 가능성은 언제나 '완성되지 않은' 몸으로 서로를 사회화한다.

모구는 최근 취업한 친구들 사이에서 외모 지적이 너무나 일상화되었다며 한숨을 내쉰다.

모구(22세, 임용고시생)＿＿대학 때 동아리 친구들이랑 서로 칭찬도 하고 지적도 하고, 연예인 얘기도 많이 했죠. 졸업하고 나서는 대학 친구들 만날 기회가 적어서 안 하게 되는데, 예전에 나도 이랬겠구나 싶은 거예요. 고등학교 친구들 만나도 그런 얘기 많이 해요. 특히 다들 취업할 시기니깐 잘 꾸미고 예쁘게 하고 다녀서 좋은 남자 만나 결혼 잘해서 일 때려치우고 집에 있고 싶다 이런 얘기도 하고…… . 같은 나이 또래끼리 이런 얘길 제일 많이 하는 거 같아요. 정말 적나라하게 서로 상처가 될 정도로 지적하고 "너, 그거 진짜 아니다"라고 해요.

내 몸이 구별되는 순간

누구나 어린 시절 놀림을 받아 본 경험이 있을 것이다. 하지만 모두가 똑같은 영향을 받지는 않는다. 짓궂은 놀림이나 별명이 어떤 사람에게는 추억일 수 있지만 어떤 경우에는 자신에 대한 혐오나 불안을 만들기도 한다. 오랫동안 자기혐오와 씨름한 빅뷰티는 그 배경을 묻는 질문에 어린 시절의 이야기를 들려주었다.

빅뷰티(25세, 대학생)____저랑 굉장히 가깝게 지내던 같은 반 남자애가 있었어요. 어느 날 소풍을 갔는데, 담임이었던 여선생님이 "우리 반에서 누구 좋아하는 남학생 있는 사람?" 물어보시는 거예요. 그때까지는 순진해서 손을 번쩍 들고 말했어요. 선생님이 물어보시니까. "저는 ㅇㅇ을 좋아합니다." 그랬더니 그때 같이 있던 여자애가 그 남자애한테 뛰어가서 소리를 질렀어요. "ㅇㅇ가 너

좋아한대!"라고요. 그때, 제가 몸이 크다는 이유로 친구들이 더 가혹하게 놀렸던 것 같아요.

그 이후에 그 애가 버디버디 메신저로 제게 이렇게 말하더라고요. "너 빼고 다 좋아." 정말 굉장히 충격이었어요. 나 빼고 다 좋다고? 그 이유가 뭐지? 왜 나 빼고 다 좋을까? 그런 생각을 하면서 그때 처음으로 교실을 둘러봤는데, 제가 우리 반 여자애들과 다른 점은 뚱뚱하다, 이것밖에 없는 거예요. 그래서 그때 처음으로 뚱뚱하다는 게 정말 부정적인 면이라는 걸 인식하게 됐어요.

"20년 이상 체화된, 큰 몸에 대한 혐오"가 사라지지 않는다는 빅뷰티는 좋아하던 남자아이로부터 거부당하는 가혹한 경험을 통해 자신과 타인의 차이를 처음으로 구별하게 되었다. 차이가 긍정적이지 않은 사회에서 몸에 대한 말은 깊숙한 자기혐오를 낳는다. 그녀는 그 남자아이의 한마디가 오랫동안 자신의 콤플렉스에 영향을 주었다는 사실에 분노하면서도 한편으로는, 말 한마디에 그토록 연연해하는 자신이 안타깝다고도 했다.

인터뷰에 참여했던 모든 여성들은, 어렸을 때 들었던 몸에 대한 말을 또렷하게 기억하고 있었다. 외모 꾸미기가 지상 최대의 과제인 양 떠들어대는 매스컴과, 외모 관리가 자기 관리라고 확신하는 무수한 자기계발서의 메시지들이 일상이 된 시대에 몸에 대한 부정적인 언사가 여성들에게 깊이 각인되는 것은 일면 불가피해 보인다. 이 책의 그녀들은 자신의 외모가 '공해'라고 표현될 때, 나를 동물로 묘사할 때, 내 몸에 대한 비하를 담은 별명이 붙여졌을 때 가졌던 당혹감, 분노, 황당함을 담담하게 풀어냈다.

코끼리 다리다, 코끼리 다리

꾸준히 다이어트를 하고 있는 서희에게 외모를 꾸미는 데 그토록 매달리게 된 계기를 물었다. 그녀는 피식 웃으며 중학교 때의 기억을 끄집어냈다.

서희(25세, 취업준비생)_____13년 전 일인데 아직도 가슴에 남는 말이 있어요. 중학교 때였는데, 제가 좋아하던 잘생긴 애가 있었어요. 걔가 밥 먹을 때 저를 한참 보고 있더니 저한테, "너는 살을 다 키로 만들면 2미터도 넘을 거야" 그러더라고요. 그땐 키가 작고 통통했거든요. 고등학교 때는 "코끼리 다리다, 코끼리 다리" 이런 말도 들었어요.

그녀는 어릴 때 이런 놀림을 겪으며 외모가 '세상에 나가 대우 받기 위한' 중요한 자산이라고 믿게 되었다.

서희(25세, 취업준비생)_____고등학교 때 급식을 먹었는데, 보통 애들은 한 번 먹고 배고프면 더 먹거든요. 그런데 저는 더 먹고 싶어도 참았어요. 괜히 애들한테 "저러니까 살이 찌지" 이런 얘기 들을까 봐. 아무도 뭐라 하지 않는데 괜히 피해 의식에……
남녀공학이지만 남녀 합반은 아니었어요. 선생님 심부름으로 남학생 반에 간 적이 있었는데 그때 알게 됐어요. 제가 남자애들 사이에서는 별명이 '장비'라는 걸요. 약간 웨이브 있는 머리에 덩치도 있었거든요. 한번은 남자 반에 심부름을 갔는데, 정말 "장비 왔다, 장비" 이 말이 들리는 거예요. 제가 살 쪘다는 이유로 모르는 사람들 사이에서 그런 별명으로 회자된다는 게 좀 그랬어요.

재희(22세, 대학생)_____고등학교 때 제 주변에 정말 부정교합이 심한 언니가 있었어요. 그래서 사람들이 벽에 부딪히면 턱부터 닿겠다고 뒤에서 놀리곤 했는데, 그 언니는 자기가 그런 놀림을 받는다는 걸 아니까 양악 수술까지도 고민하는 것 같더라고요.

선화(38세, 바리스타)_____엄마랑 아빠는 제가 하이힐을 신는 여자이길 바랐던 거예요. 하이힐을 신어야 몸가짐이 조신하다고 그러셨어요. 제가 걸음걸이가 좀 힘한 스타일이에요. 뛰는 걸 좋아하고, 아주 괄괄하고, 남자애들이 괴롭히면 때리고……. 그런데 엄마 아빠는 그게 싫었던 거예요. 처음에는 "화장 꼭 하고 다녀라"라고만 하시다가, 제가 보다시피 눈이 작은 편이 아닌데도, 점점 살이 찌면서 눈이 묻히니까 뭘 해주시겠다는 거예요.

서희(25세, 취업준비생)_____못생긴 것보다 살찐 것에 대한 시선이 훨씬 안 좋잖아요. 살찐 것에 대해서는 비난하는 걸 당연하다고 여기는 분위기예요. "그래야 네가 상처받아서 뺀다" 뭐 이런 거요. 이런 사회적 분위기가 싫기도 했지만, 거기에 순응해서 저도 살을 빼긴 했어요.

몇 년 전에 어떤 택시 기사가 뚱뚱한 여자가 미니스커트를 입었다는 이유로

폭행했다는 인터넷 기사를 봤어요. 제가 그거 흥분해서 동생한테 이야기했더니, 동생이 이러더라고요. "왜, 누나도 맞을까 봐 그래?" 그러면서 택시 기사가 용감하다는 거예요. "솔직히 그런 여자가 미니스커트 입는 건 시선 공해야"라면서.

이제 다이어트는 나이와 성별을 뛰어넘는 '시대의' 과제다. 몸무게와 상관없이 모든 사람이 다이어트 스트레스를 받는다. 하루에 다이어트란 단어를 총 몇 번 접할 수 있는지 생각해 보자. 거리에서, 텔레비전에서, 인터넷에서, 지하철에서, 영화관에서, 주변 사람들에게서 분명 하루에 한 번 이상은 다이어트에 대한 이야기를 접할 수 있다.

선화는 20대 중반에 몸무게가 급격히 늘면서 엄마의 잔소리도 늘어났다.

선화(38세, 바리스타)＿＿예전에는 엄마가 어디 나가서 뭘 먹을 때면 "얘는 먹어도 살 안 찐다"며 자랑하셨는데, 제가 살이 찌고 나서는 모든 게 달라졌어요. 너무 많이 먹는다며 밥그릇을 뺏기도 해요. 살을 빼야 남자를 만나고, 남자를 만나야 결혼을 한다면서요.

지니는 현재 다이어트 중이다. 살이 급격하게 빠지는 시기를 지나 정체기가 도래하자 스트레스가 이만저만이 아니다. 쏟아지는 언니들의 잔소리에 그녀도 여간 속이 상한 게 아니다.

지니(23세, 대학생)___"5킬로그램만 빼면 정말 예쁠 텐데 왜 안 빼는 거니? 살 좀 빼면 좋겠다" 그래요. 저도 빼고 싶지만 안 빠지는 걸 어떡하느냐고 하면, "노력 부족"이라면서 "먹을 거 다 먹고 운동만으로는 못 뺀다"면서 먹는 거 줄이고, 운동도 하고, 자기한테 검사 맡으래요.

어, 임신하셨어요?

'착한 몸매'라는 말이 있다. 이 표현은 몸이 인격이 된 사회를 반영하는 대표적인 신조어다. 이 말에서 우리는 미적 판단이 윤리적 판단을 대체하고 있음을 볼 수 있다. 몸은 윤리가 되었다. 몸에도 '옳고 그름'이 생긴 것이다. 이런 사회에서는 연애도, 취직도, 결혼도, 몸 때문에 (불)가능하다. 이런 사회에서 우리를 구원하는 것은 다이어트뿐이다.

지은은 결혼식을 준비하면서 자신이 소위 '착한' 몸매가 아니라는 걸 절감한다.

지은(29세, 여성단체 활동가)___얼마 전에 결혼식을 했거든요. 정말 그 노골적인 말들은 이루 다 표현할 수가 없어요. 결혼한다고 하니까 "살 좀 빼야겠네"라는 인사는 뭐 일상이고. 웨딩드레스 입으려면 적어도 5킬로그램은 빼야 한다는 거예요. 제가 입겠다는 드레스가 제 몸에 맞는 사이즈는 안 나온다고……. 드레스는 맞추는 건데 내가 드레스에 몸을 맞춰야 하나 싶고, 처음엔 진짜 의아했어요. 아니 내 돈 주고 입는데 왜? 그래서 한번 찾아봤어요. 뚱뚱한 신부, 통통한 신부를 위한 드레스 다 검색해 봤어요. 정말 그렇게 없나 싶어서요.

신부는 여성성의 꼭대기에 위치한다. '진짜' 신부가 되기 위해서는 신랑보다 말라야 한다. 가장 '예뻐야' 한다. 웨딩드레스에 적합한 몸이 되어야 한다. 결혼식을 준비하는 많은 여성들이 이런 스트레스에 시달린다. 결혼식 직전 집중적으로 다이어트를 하는 여성들의 모습을 보는 건 어렵지 않다. '결혼식 다이어트' '웨딩 전 다이어트'를 검색해 보면, 다이어트 식품과 성형외과 시술 프로그램을 광고하려는 한의원과 성형외과, 피부과가 쏟아진다.

지은은 주변의 '협박'을 받으며 묘한 오기가 생겼다. 그녀는 1킬로그램도 빼지 않고 당당히 결혼식장에 들어섰다.

선화 또한 45킬로그램이었던 몸무게가 1년 사이에 60킬로그램으로 늘면서 주변의 다이어트 압박을 받기 시작했다.

선화(38세, 바리스타)_____ 날씬했던 애가 배가 나오니까 사람들이 놀리기 시작했어요. 그때 저를 처음 본 사람한테는 이런 질문도 많이 받았어요. "어? 임신하셨어요?"

주변에서 "너 관리 좀 해라, 살쪘다"고 그러면 저도 경각심이 들긴 해요. 그런데 '그래. 살 쪘지. 빼야지. 살 빼야지'라는 생각을 하기 시작하면, 살이 더 찌는 거예요. 주변의 시선도 스트레스가 되는데 나까지 그것을 인정해 버리니 스트레스가 배가 되어 더 먹게 되는 거예요.

임신했냐는 말을 많이 듣다 보니까, 이제 옷을 살 때는 배를 가리려고 헐렁한 옷을 많이 사게 됐어요. 헐렁한 옷을 입으면 입을수록 더 그런 말을 듣는데 말예요. 압권이었던 게 버스를 탔는데 임산부인 줄 알고 자리를 양보하는 거예요. 하루에 세 번 양보를 받은 적도 있어요. 2호선을 탔는데 대학생이 책을 보다가 제 배를 보더니 "앉으세요" 그러는 거예요.

별의별 경험이 다 있었어요. 어느 날은 지하철을 탔는데 앞에 앉은 아주머니가 절 보고 생글생글 웃으며 다가오시더니 지갑에서 명함을 꺼내 주시는 거예요. "얼마 안 남은 거 같은데?" 하면서, 자기 찾아오라고 잘해 주겠다고 그러시더라고요. 그게 산후 조리 명함이었어요. 아니, 아는 사람도 아니고 지하철에서 처음 본 사람한테 그런 명함을 주는 것도 놀라운 거죠.

외모에 대한 지적이 유독 여성에게 집중되는 것은 여성의 몸이 처한 사회적 위치와 관련이 있다. 여성의 몸은 젊고 아름다운 '처녀'의 몸과 뚱뚱하고 늙은 '아줌마'의 몸이라는 이분법에 갇혀 있다. 이것은 남성의 관점에서 여성의 몸이 사유되고 있기 때문이다. "30분 더 공부하면 마누라 몸매가 달라진다"는 어느 남자 고등학교의 급훈처럼 말이다. 선화와 같이 배가 나오거나 몸집이 큰 여자에 대해 임신했느냐는 질문을 하는 것은, 뚱뚱하고 배가 나온 몸은 '여자'의 몸이 아니라 아이를 가진 아줌미의 몸이라는 인식의 반영이다.

그녀는 이런 반응에 과연 어떻게 대응했을까?

선화(38세, 바리스타)_____임신했느냐는 질문을 받고 처음에는 "아니에요. 똥배에요"라고 얘길 하다가 어느 순간 그냥, "네 임신했어요"라고 해버렸어요. 나중에 진실을 이야기하면, 그 사람들이 굉장히 무안해 하거든요.

이렇게 그녀는 점차 주변의 말들에 위축되기보다는 웃어넘기거나 받아칠 수 있는 여유를 갖게 되었다. 흔히 성형 광고들은 '살을 빼면, 그래서 예뻐지면, 인생이 달라질 것'이라고 유혹한다. 그리고 실제로 많은 사람들이 이를 '현실'로 받아들이며 성형이나 다이어트를 실천한다. 하지만 그녀는 이에 대해서도 자기만의 소신이 생겼다.

선화(38세, 바리스타)_____개인차가 있고, 사람마다 살이 찌게 된 이유가 다 다를 텐데 병원에서 '치료'라고 해주는 건 결국 기계로 지방을 빼거나 위를 묶거나 셀룰라이트 제거하는 주사거든요. 그리고 운동하라고 하는 거죠. 죽을 둥 살둥 빼보라는 거예요. 사실 그렇게 해서 살이 빠진다는 것도 말이 안 되고, 몸에 좋은 것도 아니잖아요. 솔직히 눈에 보이게 10킬로그램, 20킬로그램 빼고 유지하려면 계속 단식을 해야 해요. 살이 찌는 데도 오랜 시간이 걸리지만 살을 빼는 것도 시간이 오래 걸려요. 많이 시도해 봤지만 안 된다는 걸 제가 알거든요.

미국 시트콤 〈어글리 베티〉(Ugly Betty)의 주인공 베티는 '전형적으로 못생긴' 모습을 한 여성이다. 뚱뚱한 몸에, 치아 교정기, 그리고 안경이 그녀의 '못생긴' 모습을 재현하는 장치들이다. 평범한, 즉 '못생긴' 여성의 성공 스토리를 다룬 드라마의 전형적 플롯을 따라 베티는 4시즌 마지막에서 드디어 치아 교정기를 뺄 수 있는 상황에 이른다. 하지만 그녀는 막상 교정기를 뺄 수 있게 되자 두려움이 앞선다. 그 화려한(마르고 예쁘고 옷 잘 입는) 패션업계 사람들 사이에서도 다이어트나 성형 없이, 자기만의 외모와 자기만의 패션을 고수했던 베티는 교정기를 뺀 자신의 모습을 받아들일 수 없음을 고백한다. 자신을 긍정한다고 믿었지만, 사실은 자신을 '아름답지 못한' 여성으로 정체화하며 '못생기고 뚱뚱한' 외피 안에 도피하고 있었던 것이다. 못생겼지만 당당했던 베티의 이런 솔직한 고백은 여성들이 자기다움과 획일화된 미 사이에서 겪는 분열을 잘 보여 준다. 몸에 대한 다른 이야기와 접근이 필요한 이유는 바로 여기에 있다.

자신의 몸을 언제나 교정의 대상이나 미완성의 상태로 바라보는 것은 자기 자신으로 살아야 하면서도 자기 자신이 될 수 없는 딜레마에 빠뜨린다. 그것은 주변의 온갖 말들과 관계되어 있다. 살을 빼거나 성형을 하면, 즉 지금과 다른 외모가 되면 정말 삶이 달라질 것이라는 생각은 일부 여성들뿐만 아니라 우리 모두를 위태롭게 만든다. 각자의 현재를 인정하지 않고, 존재 자체를 존중하지 못하도록 만들기 때문이다. 하나의 기준만이 있는 사회는 피로하다.

"세월에 장사 없다? 지방 이식이 있다."

"부위별 맞춤 성형! 인생이 달라졌다!"

"연애 한 번 못해 본 그녀가 달라졌다."

모두 인터넷이나 지하철에서 흔히 볼 수 있는 병원 광고 문구다. 꼭 성형외과만 해당하는 것이 아니다. 한의원, 내과, 피부과 등 진료 과목을 넘나들며 성형과 비만 클리닉이 의료 시장의 새로운 '밥벌이'가 되고 있다. 하늑은 일반 병원에서 다이어트를 하라는 제안을 받으며 당황했던 경험을 토로한다.

하늑(19세, 대학생)____저는 초경을 할 때는 생리통이 없었는데, 해가 거듭할수록 생리통이 심해졌어요. 얼마 전에 생리통이 너무 심해서, 산부인과도 가보고 일반 병원도 가봤는데, 산부인과에선 이유를 잘 모르겠다고 그랬어요. 근데 어이없었던 게, 일반 병원 ― 내과였나 그랬어요 ― 남자 의사가 누워서 배를 몇 번 눌러 보더니 한다는 소리가, "갑자기 살이 쪄서 그럴 수 있어요" 이러는 거예요. 그 얘기를 듣는데 너무 기분이 나빴어요. 산부인과에서도 그런 말을 안 했는데, 무슨 의학적 근거가 있는지 모르겠지만, 자기가 멋대로 그렇게 얘기하는 게 몹시 불쾌했어요.

인터뷰에 응해 준 그녀들 가운데 많은 이들이 표준체중임에도 불구하고 내과, 산부인과, 한의원 관계없이 "살을 빼야 한다"는 진단을 받았다는 이야기가 많았다. 건강에 대해서 가장 과학적인 판단을 할 것이라고 여겨지는 병원에서 이토록 다이어트를 권하는 것은 왜일까? 이는 물론 성형 및 다이어트 산업의 발전과 관련이 있다. 자본주의사회에서 시장은 언제나 사람들 사이의 욕망 사이를 파고들기 마련이고, 따라서 외모로 인한 차별이나 배제가 많은 사회일수록 성형 및 다이어트 산업이 발전하는 것은 당연하다. 단기간 체중 감량이라는 '불가능한' 목표는 기하급수적인 성형 및 다이어트 산업의 팽창에 기여한다. 국제미용성형수술협회(ISAPS)에 따르면, 2011년 현재 한국의 인구 대비 성형수술 건수는 세계 1위로, 이에 따르면 도시에 사는 19세에서 49세 사이의 한국 여성 5명 가운데 1명은 성형수술을 받은 셈이다. 또한 45억 달러로 추정되는 한국의 성형 시장 규모는 세계 성형 시장의 4분의 1을 차지한다. 의료 광고 심의 현황에 따르면 2013년 한 해 성형 광고가 602건에서 3,348건으로 5배 이상 급증한 것으로 나타났다. 이는 우리 모두가 체감 중인 사실이기도 하다.

진유미(30세, 광고회사원)_____회사가 신사역 주변이라 성형외과가 너무너무 많거든요. 그래서 신사역 지하에 지하철 타러 들어가면 그 간판들이 즐비해요. 좀 큰 사이즈로 걸려 있는 광고들은 거의 대부분, 그러니까 90퍼센트가 성형 광고 간판들이에요. 대부분은 성형 전후를 굉장히 자극적으로 보여 주는 것들이고요. 보면 좀 놀랍기도 하고 안쓰럽기도 하고 여러 가지 감정이 들어요. 그런 비포 애프터 광고들이 특히 기억에 남는 거 같아요.

최근 성형외과 광고는 언제 어디서나 접할 수 있다. 광고 문구는 대개 평범한 이들의 몸을 온갖 비하와 희화화된 말들 속에 가두면서 불안과 자기혐오를 부추긴다. 2011년 민우회가 진행한 "성형 OTL" 프로젝트에 참여해 지하철 2호선 성형 광고를 모니터링했던 두 친구의 말을 들어보자.

정엽(성형OTL 기획단)____주걱턱, 돌출된 광대뼈, 작은 눈, 작은 가슴, 다크서클, 통통한 팔다리 ⋯⋯ 모두 바꿔 주겠다고 한다. 이것을 보고 누군가는 수술을 결심할 것이고, 누군가는 자기혐오를 더 크게 키울 것이며, 누군가는 다른 이들의 외모를 이 잣대로 평가하고 있을 것이다. 성형 열풍, 성형 광고 속에서 상처받을 수많은 사람들. 광고를 보며 이 사람들이 떠올랐다.

평화(성형OTL 기획단)____제가 발견한 성형외과 광고들의 공통점은, 거의 모든 광고가 광고사진으로 '여성'의 이미지를 사용한다는 거였어요. 광고의 주된 이미지나 성형을 경험한 사람의 이미지로는 대부분 여성의 이미지가 사용되었고, 성형외과 의사가 광고의 중심을 차지할 때나 남성의 이미지가 사용됐어요. 성형수술을 해주는 사람은 남자, 그리고 성형수술을 받는 사람은 여자. 여기에는 어떤 함의가 있지 않을까요?

당시 기획단은 서울지하철공사에 지하철 2호선의 성형 광고 실태 보고서와 성형 광고를 없애자는 제안서를 제출한 바 있다. 최소한 공공시설에 부착된 성형 광고만이라도 없애 보자는 취지에서였다. 하지만 재정 적자를 이유로 성형 광고를 없애기는 힘들다는 답변을 받았다.

2005년, 프랑스는 성형 광고를 전면 규제했고, 2012년 영국은 미용성형외과의사협회에서 성형 광고 전면 규제를 요구했다. 영국의 미용성형외과의사협회 회장은 성형 광고 규제를 요청하게 된 배경에 대해 이렇게 이야기한다. "환자를 보호하고 싶기 때문이다. 성형 광고 모델처럼 된다면 인생이 더 좋아질 것이라고 생각하게 만드는데, 인생이 반드시 좋아지는 것은 아니다. 사람들에게 거짓 희망을 준다고 생각한다"(〈SBS스페셜〉 "그녀, 뼈를 깎다: 내 딸의 양악 수술", 2013/05/26).

여자는 뭘 해도 예뻐야 돼요

우리는 거울을 통해 몸을 본다. 거울을 보는 행위는 자신의 신체에 대한 이미지를 형성한다. 하지만 물리적인 거울 말고 또 다른 거울들이 있다. 바로 미디어라는 거울이다.

지니(23세, 대학생)____거울 속에 비친 나를 보며 나는 왜 항상 내 몸을 가려야 하지? 라는 생각이 들 때가 있어요.

송미(25세, 비영리기구 활동가)____청바지 광고 보면, 그런 느낌이 들어요. 모델의 몸 자체가 비현실적이잖아요. 어떻게 현실에서 저런 몸이 있을 수 있는지. 저 모델은 저걸로 먹고사니까 저렇게 된 게 당연한데, 그런 이미지로 먹고사는 사람이 아닌 나도 모델의 몸을 선망하게 되는 건 어쩔 수 없는 것 같아요.

안효진(16세, 고등학생)＿＿＿미디어의 영향이 있긴 있는 것 같아요. 언니가 쌍꺼풀이 없어요. 작년에 대학에 입학했는데, 한창 쌍꺼풀 없는 김연아, 가인이 인기를 끌었잖아요. 그래서 엄마가 쌍꺼풀 수술을 해준다고 해도 요즘 대세가 아니라며 안 했는데, 지금은 또 하고 싶대요.

미디어는 일상의 거대한 거울이다. 마르고 아름다운 연예인에 대한 찬사와 살찐 연예인에 대한 비난, 다이어트 성공담과 실패담이 끊임없이 재생산되는 장이다. 문제는 이 거울이 단 하나의 기준만을 가진다는 것이다.

단일한 몸의 기준을 가지고 끊임없이 확대 재생산하는 미디어의 고리를 끊기 위한 대안은 없는 것일까. 이에 대해 빅사이즈 배우로 지원해 본 경험이 있는 빅뷰티와 빅사이즈 모델을 한번쯤 해보고 싶다는 재희는, 마른 몸이 등장하지 못하게 하는 방식으로 미디어를 규제하기보다는(2012년 이스라엘 의회는 일정 체중 기준에 미달하는 사람을 패션모델로 기용할 수 없게 하는 법을 만들었다) 미디어에 다양한 몸이 더 많이 등장하도록 해야 한다고 이야기한다.

빅뷰티(25세, 대학생)＿＿＿몇 년 전에 뮤지컬 〈헤어스프레이〉 한국 공연이 있었는데, 연출자가 오디션을 보면서 너무 아쉬워했대요. 주인공 역에 뚱뚱한 배우가 필요했는데, 아무리 찾아도 없어서 몇 달 동안 오디션을 보다가 결국에는 그냥 마른 배우를 썼다고 하더라고요. 그만큼 한국에 뚱뚱한 배우가 없는 거죠. 살아남을 수가 없으니까…… 미디어에 대한 규제도 필요하겠지만 정책이나 법으로 문제를 해결하는 것보다는 다른 방식도 고민해 봐야 할 것 같아요. 〈친절한 금자씨〉 영화에 등장하신 분 보셨어요? 사실 부정적인 이미지보다는 긍정적인 이미지의 역에 많이 나오는 게 효과적인 것 같아요.

재희(22세, 대학생)____다양한 사람들이 더 다양하게 매체에 노출이 되어야 할 것 같아요. 왜냐하면 지금 이렇게까지 우리나라 사람들이 외모와 마른 몸에 집착하는 데는 매스컴의 영향이 커요. 사회적으로 외모 관리에 대한 스트레스가 거의 트라우마 수준이잖아요. …… 그러다 보면 빅사이즈의 사람들도 예쁘게 보이는 때가 오지 않을까요! 남자 주인공은 나이도 많고, 아저씨 같고, 덩치 있고 좀 찌질해 보여도 주인공으로 많이 나오는데, 여자들은 찌질한 역을 맡아도 예뻐야 되고 식모를 해도 예뻐야 되고 글래머여야 되고 청순해야 되고……. 〈거침없이 하이킥〉의 신세경처럼요. 자다 일어났는데 풀 메이크업 되어 있질 않나…….

큰 사이즈는 안 나와요

다이어트가 모든 문제를 해결해 줄 유일한 방법일 것 같은 순간이 있다. 바로 옷가게에서다. 피팅룸에서 들어가지 않는 바지를 기어코 쑤셔 넣을 때나, 내 몸을 훑어보는 옷가게 점원의 시선을 느낄 때, 맘에 드는 옷은 모두 작은 사이즈만 있을 때 우리는 자신의 몸을 '체험'한다. 미세한 몸무게의 변화도 옷을 통해 알아차린다. 내 몸이 소, 중, 대(S, M, L) 가운데 어디 속하는지 서열화하게 되는 것이다. 더군다나 점차 표준 사이즈가 작아지고 있고, 패션업계는 스키니진과 같이 마른 체형에 맞는 옷을 기준으로 발전하고 있다.

재희(22세, 대학생)____'진짜 더럽고 치사해서 빼야 되겠다'고 생각할 때가 옷 살 때에요. 호주에서는 살이 쪘다고 뭐라고 하는 사람들이 없을 뿐더러 워낙 큰 사람들이 많아서 제가 이만큼 쪄 봤자 티가 안 나요. 살에 대해 생각 없이 살다가 한국에 도착했는데, 남자들도 젓가락 같은 다리로 걸어 다니는 걸 보면서 '내가 사지로 돌아왔구나'라고 생각했어요. …… 호주에서는 사이즈가 아주 다양했어요. 대여섯 개 정도는 됐거든요? 그런데 우리나라는 딱 세 개잖아요. S, M, L. 라지 사이즈는 그나마 잘 나오지도 않아요. 그러니까 옷을 사러 가면 늘 짜증이 나는 거예요. 호주에서는 사이즈에 대한 걱정은 없었어요. 늘 맞는 사이즈의 옷이 있었는데 여기서는 찾아 헤매야 돼요. 아니면 인터넷을 뒤져야 하고……. 말이 프리 사이즈지 사실은 프리 사이즈가 아니에요. 44 아니면 55지.

선화(38세, 바리스타)____저한테 맞는 옷이 없는 거예요. 동대문을 다 뒤져도 "이거 예쁜데 ○○ 사이즈 있어요?" 그러면 없는 거예요. 88, 99 사이즈는 없는 거죠. 한 시간을 돌고 나면 결국 옷을 고를 수 있는 데는 한군데밖에 없어요. 남성복 코너. 그때 갑자기 눈물이 핑 돌더라고요. 점원들도 저를 별로 고객이 아닌 것처럼 대하는 것 같았어요. "우리 가제는 이런 몸매 옷만 팔아요!" 하는 것처럼. 수십 곳을 돌아다녀야 하니 얼마나 힘들겠어요. 그렇게 돌아다니다 결국 벤치에 앉아서 울었어요.

믹맥(25세, 취업준비생)＿＿＿몸 자체가 보기보다 큰데, 점원은 꼭 안 맞는 작은 사이즈를 권해요. 난 이 사이즈보다 한 치수 큰 게 맞는데. 하지만 안 맞으면 엄청 민망하고 창피하거든요. 옷가게는 조명도 엄청 밝잖아요. 막 땀나고 얼굴 빨개지고 그래요. 제 친구가 원피스를 사러 갔는데 점원 언니가 묻더래요. 누가 입으실 건데요? 그래서 "제가 입을 건데요" 하니까 "그렇게 큰 사이즈는 안 나와요" 이러너래요.

　　얼마 전, '아베크롬비'라는 의류 브랜드는 CEO의 발언으로 한바탕 몸살을 겪었다. 이 회사의 CEO가 자사 브랜드는 "광고 모델처럼 마른 몸매의 사람들을 위한 옷이다"라는 노골적인 발언을 한 것이다. 고객의 항의와 불매운동에도 불구하고 이 CEO는 "우리 고객은 외모가 아름다운 사람들"이라는 것을 다시금 강조했다.

　　점차 여성 의류에 프리 사이즈 옷이 많아지고 있다. 원래 프리 사이즈는 어떤 체형의 사람에게도 맞도록 만들어진 옷에 붙는 사이즈 표시다. 니트나 스웨터, 파자마 등과 같이 엄밀한 사이즈 구분이 필요 없는 느슨한

디자인의 옷에 사용하는 사이즈 표시가 바로 프리 사이즈다. 하지만 현재 여성 의류 시장에서는 재고를 최소화하기 위한 방안으로 옷을 사이즈별로 구분하지 않고 프리 사이즈로 내놓는 추세다. 그렇다 보니 말만 프리 사이즈일 뿐, 사람들이 가장 많이 찾는 55나 55반 사이즈를 기준으로 하기 때문에, 재희의 말처럼 옷 자체의 멋을 살릴 정도의 넉넉한 핏이 되려면 55 사이즈의 몸이 되어야 한다. 서희의 말대로 프리 사이즈는 "팻 프리"(fat free) 사이즈인 것이다.

———————

우리는 누구도 타인에게 그토록 잔인할 권리가 없다.

___빅터 프랭클

말은 한 사람이 세상을 보는 시각인 동시에 한 사회의 인식론적인 조건이다. "우리를 심연으로 밀어 넣는 말들, 우리 가슴에 커다란 구멍을 내는 말들" "그 말들 안쪽으로 깊이 비판의 촉수를 밀어 넣는" 일이 필요한 이유는 사회적 약자에게 무심코 건네는 일상의 '말'들이 주는 상처와 위험성 때문이다(오승현, 『말이 세상을 아프게 한다』, 2011, 살림).

인터뷰에 참여한 여성들 대부분이 어릴 적 누군가 했던 말이 성인이 되어서도 계속 마음속에 남았고, 어느 순간 성형과 다이어트를 결심하게 만드는 데 일조했다고 이야기한다. 또 각종 미디어와 성형 광고에서 쏟아 내는 말들도 몸을 하나의 통합적 공간으로 보지 못하게 한다. '꿀벅지, 말벅지, 섹시힙, 베이글녀, 콜라병 몸매' 등 성애화되고 분절적인 몸에 대한 묘사나 비유는 여성의 몸을 대상화한다. 몸 안에 차곡차곡 쌓인 말들은 다이어트와 성형을 끊임없이 다짐하게 하는 기제가 된다. 몸으로 인한 차별을 겪고 있는 많은 여성들의 현실은 외모 관리를 단지 여성 개개인의 선택이나 집착으로만 볼 수 없게 만든다. 외모에 대한 지적이 무례하다는 인식조차 사라져 가는 사회에서 여성들은 '아프다'.

실천 1 >>   새로운 언어와
            새로운 시선 찾기

살에 대해 말하지 않기

2009년, '델타델타델타 바디이미지 이니셔티브'(Delta Delta Delta Body Image Initiative)는 '살에 대해 말하지 않기'(End Fat Talk) 캠페인을 시작했다. 이는 체중을 평가하는 문화가 사람들로 하여금 몸에 대한 이미지를 '마른 몸'으로 한정짓도록 만들고, 다이어트와 식이 장애를 초래한다는 이유로 만들어진 캠페인이다. 현재는 미국 전역으로 확산되어 대학건강센터에서도 적극적으로 참여하고 있다. 이 캠페인은 몸에 대한 부정적인 평가의 말들에 시달리던 사람들의 열띤 지지를 받았다.

홈페이지 http://bi3d.tridelta.org
페이스북 https://www.facebook.com/FatTalkFree

델타델타델타의 '살에 대해 말하지 않기' 캠페인 포스터

다양한 모델 이미지 만들기

영국의 NGO, '다양한 모델들'(Models of Diversity)은 모델 몸의 다양성을 옹호하는 단체로, 패션업계에 인종, 나이, 몸매, 사이즈, 신체 능력(장애) 등이 제각각인 몸의 아름다움을 인정할 것을 요구한다. 이 단체는 패션 및 모델 산업의 모습이 좀 더 '다양하게, 현실적으로' 세상에 존재하는 미를 반영하도록 변화시키는 것을 목표로 한다.

모델 사이즈의 환상 깨뜨리기

모델 미터는 여성들의 95퍼센트가 그들이 미디어를 통해 소비하는 이미지에서 제외되어 있다는 사실을 강조하기 위해 개발한 인터랙티브 아트이자 캠페인이다. 모델의 비율과 같은 비율(34-24-34인치)로 만들어진 모델 미터 뒤에 서있기만 해도 이 사회의 이상이 비현실적임을 한눈에 알 수 있다. 누구나 참여할 수 있는 이 캠페인은 모델 사이즈가 '누구나'의 사이즈가 아님을 보여 준다.

3
장

용모 단정 원하는 사회,   취업 성형 권하는 사회

초조한 마음으로 구직 사이트를 찾아다니고, 하루에도 몇 번씩 메일을 확인하던 시절이 있었다. '언제 취직이 될까? 실업자가 되는 건 아닐까?' 구직을 하면서 무엇보다도 신경이 쓰였던 부분은 '용모 단정'의 기준이었다. 한의원 간호사로 일한 적이 있던 나는 '용모 단정'에 숨겨진 의미가 무엇인지 잘 알고 있었다. 간호사 채용 공고에는 '친절한', '미소가 보기 좋은'이라는 말이 빠지지 않았고, 나이 제한은 공공연한 비밀이었다.

모두들 간호사 같은 전문직에서 중요한 것은 숙련된 능력이라고 생각하겠지만, 간호사 고용은 '친절하고 예쁜' 간호사를 원하는 환자들과 젊은(즉 월급도 낮고 단기간 안에 기혼자가 될 가능성도 낮은) 간호사를 선호하는 병원에 의해 결정된다. 따라서 업무 내내 몸에 붙는 유니폼을 입고, 단정한 화장을 하고, 머리카락이 흘러내리지 않게 망 속으로 가두는 '노동'이 계속된다. 그 모습이 간호사의 모습, 환자들이 편안함을 느끼는 '보기 좋은' 모습이라고 간주되기 때문이다. 하지만 5센티미터 높이의 간호화를 신은 채 환자를 부축하거나 침대에 눕히고, 흘린 피를 닦고, 침대 시트를 갈아 끼우고, 바닥을 닦고, 각종 의료 용품들이 담긴 박스를 안고 옮기는 등의 일을 열 시간 내내 계속하며 그 모습을 유지하기 위해서는 그야말로 피나는 노력이 필요하다.

_____지은 (한국여성민우회 여성건강팀)

취업의 필수 요건, 용모 단정

"○○에서 함께 일할 용모 단정한 여직원을 모집합니다."

외모도 스펙이 된 시대, '용모 단정'이라는 알쏭달쏭한 네 글자는 여전히 서비스직은 물론이고, 사무직 구직 공고에서도 심심찮게 등장하는 말이다. 취업 관문의 마지막에 놓인 면접을 앞두고 대부분의 여성들은 '단정한' 모습을 갖추고자 여러 가지 준비에 들어간다. 정장과 스타킹, 구두에서부터, 화장과 다이어트, 그리고 심지어는 성형에 이르기까지 그 준비의 스펙트럼은 점점 더 넓어지고 있다. 대체 용모 단정의 기준이란 뭘까? 우선, 구직자들이 받아들이는 단정한 용모의 기준에 대해 들어보자. 송미는 현재 일하는 비영리기구에 들어가기 전에 취업 정보를 공유하는 카페의 회원이었다.

송미(25세, 비영리기구 활동가)____증명사진을 올리는 게시판이 있어요. 자기 증명사진을 찍어서 올려요. 그러면 "○○님, 잘하셨는데 앞머리는 올리는 게 낫지 않을까요?" "○○님, 화장하실 때 음영 좀 넣어서 얼굴 깎으셔야겠어요." 그런 말을 서로 해줘요. 조언을 듣고 싶어서 올리는 거니까요.

그런 걸 본 다음에 솔직히 신경이 많이 쓰였던 것 같아요. 지금 제가 일하고 있는 조직이 좀 느슨한 곳이기도 하고, 예전에 인턴으로 일한 적이 있는 곳이기도 해서 분위기를 아는데도, '아, 대충 꾸며선 안 되겠다'라는 생각이 들더라고요. 사실은 정말 별거 아니잖아요. 머리를 뒤에서 어떻게 묶던 사람들은 내 앞만 보니까 신경도 안 쓸 텐데, 상당히 신경이 쓰였어요.

취업 준비 사이트를 살펴보면 면접을 위한 옷차림, 화장에서부터 기업이 선호한다고 생각되는 외모에 이르기까지 단정한 용모의 구성 요소들이 자연스럽게 파악하게 된다. 송미가 면접을 보러 가기 전에 했던 가장 큰 고민은, 인터넷으로 주문한 머리망이었다. 취업을 준비 중인 서희는 이렇게 이야기한다.

서희(25세, 취업준비생) _____ 아시다시피, 제가 외모에 신경을 많이 쓰는 타입이 아니에요. 신경을 안 쓰려고 노력하는데도 막상 구직자 신분이 되니까 그 사람들 눈에 맞춰야겠다는 생각이 들더라고요. 취업이 안 되면 본인 스스로 이유를 많이 찾잖아요. 저는 학벌이라든지, 영어 성적 같은 데서는 취직이 안 되는 이유를 더 이상 찾을 수가 없어서 외모나 인상, 말투 때문이라고 생각하게 됐어요. 그래서 더 이상 스펙으로 채울 수 없는 걸 다이어트로 채운 것 같아요. 이유를 찾다 찾다 외모가 아닌가 생각한 거죠.

과연 사실일까? 기업이 찾는 소위 '인재'의 기준에 정말로 '용모'가 포함되는 것일까? 지금은 마케팅 회사를 다니지만 과거 승무원 면접을 본 적이 있는 진유미 씨 역시 면접에서 '외모'가 중요하다는 사실이 풍문이 아님을 경험한다.

진유미(30세, 광고회사원)____지금 다니는 회사에 들어오기 전에도 면접시험을 여러 번 봤죠. 한 번도 외모나 이런 게 중요하지 않았던 적은 없던 것 같아요. 특히 저는 대학교 다닐 때 승무원이 너무너무 하고 싶어서 네 번 정도 시험을 봤거든요. 계속 시험에 떨어지면서 드는 생각은 하나뿐이었어요. 제가 다른 애들에 비해 학업 성적이 낮든지 영어 실력이 부족했다든지 그런 이유도 있을 수 있겠지만, 면접에서 외모가 굉장히 중요한 요소라는 걸 알게 됐죠.
그래서 그때 늦은 나이인데도 교정을 시작했어요. 사실 이전에는 해도 그만, 안 해도 그만이었는데, 여러 번 떨어지고 나니까 이게 원인인 것 같더라고요. 실제로 면접 자리에서 치아와 관련된 이야기를 들었던 기억도 나고요.

진유미 씨는 예전에는 치료 기간도 길고 돈도 아까워 할 생각이 없었던 교정 치료를 승무원 면접을 계기로 시작했다. 현재는 승무원이 아닌 마케팅 관련 일을 하고 있지만, 이미 시작한 이상 되돌릴 수 없는 터라 몇 년이 지난 지금까지도 교정 치료를 계속하고 있다.

인터뷰를 진행하며 만난 20, 30대 여성들은 모두 취업과 관련해 비슷한 경험을 공유하고 있었다. 업무 능력이나 구직 의지를 확인해야 할 면접 자리에서 '외모'를 평가하거나, 중요한 평가 척도로 느끼게 하는 것이다. 어쩌면 지금 우리 사회에서 취직을 희망하는 여성들은 이력서나 자기소개서를 다듬을 시간에 거울을 한 번 더 보고 겉모습을 관리하는 게 취업의 지름길일지도 모른다. 송미가 증명사진을 찍으러 간 사진관에서 겪은 일을 들어보자.

송미(25세, 비영리기구 활동가) ____ 증명사진을 찍으러 갔어요. 사진을 여러 컷 찍었는데도, 맘에 안 드는 거예요. 그래서 "저 한 번만 더 찍어 보면 안 돼요? 저는 이가 나오도록 웃는 게 더 좋은 것 같아요"라고 했더니 아저씨가, "서비스업이세요? 그러면 활짝 웃는 게 낫죠." 이러면서 다시 찍으시더라고요. 업종별로 선호하는 게 있는 거죠. 남자는 넥타이라든지. 그런 걸 보면 "아, 진짜 그럴까?" 싶기도 하면서 사실, 사람 마음이, 지금 내가 붙어야 하니까. 그런 거라도 왠지 맞춰야 할 것 같고 그래요.

최근에는 대기업들이 선호하는 얼굴형이 있고, 이에 맞춰 성형하는 '○○기업 성형'까지 성행하고 있다〈KBS 뉴스〉, 2013/09/24). 예를 들어, 삼성그룹은 눈매가 또렷하고 선한 인상을 선호한다든지, IT 계열의 대기업은 세련된 얼굴을 선호한다든지, 금융권은 한눈에 호감이 가는 인상이어야 한다는 등의 이야기가 구직자들 사이에서 회자된다.

진유미 씨의 이야기가 단순히 승무원에 국한된 이야기로 들린다면, 아르바이트를 위해 면접을 보러 갔다가 좀 더 노골적인 경험을 한 민맥의 이야기를 들어보자. 그녀가 지원한 아르바이트는 성악가의 수행비서 일이었다.

믹맥(25세, 취업준비생)____알바 면접을 간 적이 있었는데, 그곳을 소개해 준 친구가 하는 얘기가, 그쪽에서 제가 미련하지 않냐고 그러더래요. 그래서 친구가, 걔가 덩치가 있긴 해도 전혀 그렇지 않다고, 그렇게 보신 거면 잘못 본 거라고 한 방 먹여 줬대요. 덩치가 크면 둔하거나 미련하다고 생각하는 경향이 있는 것 같긴 해요.

여성 노동자의 외모는 업무 능력을 판단하는 근거가 된다. 일의 성격과는 무관하게 "뚱뚱해서 제대로 할 수 있겠냐?"는 의문은 몸이 그 자체로 자질과 능력이 되어 버린 노동시장의 현주소를 보여 준다. 이와 같은 여성 노동자들의 외모 관리는 입사의 관문을 통과한 이후에도 계속된다.

외모를 '입고' 일하는 여자들

그녀들은 노동 현장에서 승무원, 백화점 판매 사원, 간호사, 보험설계사 등 다양한 이름으로 불리지만, 모두가 사내 외모 지침이 세부적으로 마련된 직장을 다니며 늘 외모 관리의 압박을 겪는다는 공통점을 갖고 있었다. 외모와 관련이 없을 것 같은 의료 분야도 예외는 아니다. 신생아실에서 간호사로 일하고 있는 막심은 만나는 사람은 신생아밖에 없는데도 외모에 신경 써야 된다며 헛웃음을 터뜨린다.

막심(23세, 간호사)＿＿＿가끔 화장을 안 하고 출근할 때가 있어요. 밤새 일을 해야 해서 답답해서 안 하고 갔는데 "왜 화장을 안 하고 왔냐?"라는 얘기를 하시더라고요. 신생아실에 있어서 보호자를 만나는 것도 아닌데 말이죠.

외모에 대해 암묵적이든 노골적이든 세세한 간섭을 받기로는 보험설계사인 마소도 마찬가지였다.

마소(37세, 보험설계사)＿＿＿학교를 졸업하고 다닌 회사가 증권회사와 보험회사였어요. 사람을 상대하는 직종이다 보니 신뢰감을 줄 수 있는 외모를 중시하는 풍토가 있었어요. 제가 증권회사 두 군데를 거쳤는데, 맨 처음 입사했을 땐 외모 규정이 아주 세세했어요. 두발부터 손톱, 스타킹 색깔, 구두, 이런 게 다 정해져 있었어요. 여름에는 항상 스타킹을 신어야 하고, 앞에 발가락이 막힌 구두를 신어야 했어요. 색상도 정해져 있었죠. 검정색에 흰 블라우스. 긴 머리는 항상 묶어야 하고, 손톱을 기르거나 매니큐어를 칠하면 안 되고요. 바른다 해도 핑크나 살색 비슷한 것만 되고요. 처음 입사해서 선배 언니들한테 많이 혼났어요. 지금은 그런 규정이 많이 없어졌지만 아무래도 영향이 남아 있는 것 같아요.
보험사에도 그런 게 있어요. 저는 가급적이면 검정색에 흰 블라우스, A라인 스커트, 검정색 구두 이렇게 갖추려고 해요. 머리는 길면 안 돼요. 아예 짧거나 길어도 단발까지만. 일하는 여성의 모습은 긴 머리는 아니라고 생각하나 봐요.

진유미(30세, 광고회사원)＿＿＿＿현재 직장은 복장 규정이 없어서 자유롭게 입고 다녀요. 그런데 외모 관리에 크게 신경을 쓰는 분이 있어요. 이분은 이 회사에 들어오기 전에 고객 서비스 관련 부서를 비롯해 미팅이 좀 많은 곳에 있었대요. 경력도 좀 있으신 분인데, 이전 업무에서 체득한 경험 때문에 외모 관리에 더 신경을 쓰게 된 것 같아요. 이를테면 상사에게 외모 지적을 받는다든가 광고주와 미팅하러 나갈 때 치마를 입어야 한다든가 하는 게 있었던 거죠. 이런 생활을 오래 하다 보니까 이제 자기가 익숙해서 편하게 입고 오라고 해도 본인이 알아서 챙겨 입어요.

　여성 노동자들은 '노동하는 몸'과 '여성으로서의 몸'이라는 두 가지 모델을 충족시키기 위해 지속적으로 노력해야 한다. 고객이 나를 보고 상품을 사도록 만들어야 하고, 환자와 병원이 선호하는 체형이 되어야 하고, 신뢰감을 주는 인상을 만들어야 하는데, 이는 모두 아름답다고 간주되는 외모 기준과 관련되어 있기 때문이다. 업무의 성격과 관계없이 많은 직종에서 외모 관리를 요구받는데, 직업 특성과 맞물려 외모 지침이 세세하게 존재하는 곳도 많다. 면접에서뿐만 아니라 '여'직원이 된 이후의 업무 평가 역시 외모 잣대를 피해 가지 않는다. 화장품 판매원으로 일하고 있는 이덕주 씨는 회사로부터 스커트 길이부터 신발, 피부 톤, 두발, 렌즈 색까지 적혀 있는 체크리스트를 받는다. 판매자의 외모가 매장 매출과 직결된다는 것이 사측의 이유다. 회사는 때로는 성형까지 부추긴다.

이덕주(37세, 화장품 판매원)_____저희 브랜드 이미지 자체가 프로페셔널하고 그런 스타일의 메이크업을 해주다 보니 사비를 들여서라도 외모 관리에 신경을 많이 써요. 못생긴 여자한테 메이크업 받고 싶어 하지 않잖아요. 피부 관리 말고도 다른 데까지 상당히 돈을 들여요. 고객들도 "이 언니처럼 해주세요"라고 얘기하면서 예쁜 사람을 더 찾으니까요. 회사도 강요까지는 아니더라도 은근히 성형을 부추겨요. "이상하게 하고 올 거 아니면 하고 오라"라는 식으로 말하죠.

의료계도 예외가 아니다. 막심은 일부 병원에서는 병원장의 취향에 맞춰 간호사를 뽑는다고 말한다.

막심(23세, 간호사)_____살이 찐 사람이 의료적인 조언을 하면 환자가 받아들이지 않을 수 있어서 병원에서는 마른 체형을 원해요. 일부 병원들은 승무원 면접처럼 병원이 원하는 외모 취향대로 간호사를 뽑아요. 꼭 그래야 한다는 지침은 없지만 암묵적으로 병원에서 요구하는 체형이 있어요. 건강해 보여야 하지만 마른, 그런 이미지를 요구할 때도 있어요. 의사가, "ㅇㅇㅇ 간호사, 살 좀 빼" 하고 대놓고 얘기하는 경우도 있죠.

막심은 신생아실에서 근무하는 간호사에게도 '건강하지만 마른' 몸을 요구하며, 여의사도 이 기준을 피해 가지 못한다고 말한다. 보험설계사인 마소는 여성 노동자의 외모가 실제로도 업무에 영향을 미치는 경우다.

마소(37세, 보험설계사)____어쨌든 첫인상이 계약을 좌우하거든요. 저희 업계에서는 계약이 성사될지 아닐지 몇 분 안에 알 수 있어요. 그래서 지금도 그 부분은 부담이 돼요. 그렇게 조장되는 게 싫기는 한데 뒤처지는 느낌을 받긴 싫거든요. 사람들이 '설마, 외모 때문에?' 그럴 것 같잖아요. 그런데 의외로 사람들이 외모에 약해요. 이건 경험적인 거예요. 사람들은 의식적으로 아니라고는 하지만 무의식적으로는 외모에 비중을 두죠.

승무원인 미니멜은 한국 사회에서 여성 노동자가 처한 전반적인 여건에 대해 이렇게 꼬집기도 한다.

미니멜(39세, 항공 승무원)____여성이 일하는 대부분의 환경을 보세요. 은행원이나 유치원 선생님, 간호사 등 여성들이 주로 일하는 노동 분야는 업무 특성에 필요한 능력보다는 외적으로 보이는 이미지가 더 중요하게 요구되고 평가되는 것 같아요. 아이들에게 처음 보는 보육 교사들을 세워 놓고 맘에 드는 선생님을 찾아가 보라고 했더니 예쁜 선생님을 찾아서 가더라는 거예요. 외모가 그 선생님을 굉장히 친절하게 보이고 발전하게끔 만드는 조건이라는, 약간 이상한 사회적 인식들이 있는 거예요. 전 그 아이들이 동물적인 감각에 의해서만 그랬다고 생각하지 않거든요.

우리 사회에서 외모가 업무 능력뿐만 아니라 인격까지 판단하는 기준이 되는 일은 비일비재하다. 외모도 스펙이 되고 취업 성형이 붐을 이루며 무엇을 하든 예쁘고 봐야 하는 세상에서 여성들은 노동시장 진입에서부터 노동 현장에 이르기까지 언제 어디서나 '노동자'와 '여자' 사이에서 줄타기를 한다.

여성적으로 보이기 싫어서 커트를 쳤어요

그렇다면 이런 상황에 여성들은 어떻게 대응하며 살아가고 있을까? 마소는 '여자'로 보이지 않도록 노력하다 딜레마에 빠진다.

마소(37세, 보험설계사)_____고객을 만날 때 단 둘이 만나는데, 일 때문에 상담을 하면서도 카페 같은 곳에서 만나는 경우가 많아요. 어쨌든 일대일 만남이다 보니까, 남녀로 만나는 게 절대 아닌데 괜한 오해를 살 수 있어서 남자 고객에게 여성적으로 보이기 싫어 머리를 짧게 잘랐어요. 진짜 가끔은 나쁜 분들도 계세요. 그런 만남을 이용해서 이 여자를 한번 어떻게 해볼까 하는, 그런 고객일 것 같은 느낌이 올 때는 웬만하면 치마 안 입고 그냥 깔끔하게 입고 나가요.

직업적 역량과 노력의 평가 척도로 '외모'가 큰 비중을 차지하는 경우도 많다. 백화점에서 화장품을 판매하는 이덕주 씨는 고객이 상품을 구매하게 만드는 '프로다운' 외모를 갖추기 위해 항상 다이어트 중이다. 회사는 이들 사이의 경쟁을 부추기며 이런 경향을 조장한다.

이덕주(37세, 화장품 판매원)＿＿＿저희 브랜드 매장에서 일하는 직원들만 봐도 4백 명 중에서 양악을 한 사람이 1퍼센트, 성형을 한 사람은 20퍼센트도 넘을 것 같아요. 쌍꺼풀도 성형으로 본다면 30퍼센트고요. 눈코는 기본이고 요즘은 가슴까지 많이 해요. 자기만족도 있겠지만, 이렇게 하고 왔을 때 회사에서 대우가 달라져요.

저희는 그루밍(몸치장)을 예쁘게 해서 사진 촬영을 하거든요. 사진은 본사에서 교육 자료로 쓰는 일종의 사보에 실려요. 항상 사진 메인 자리에 가장 예쁜 직원을 서게 하는데 메인이 아닌 애들은 욕심나죠. 메인이 아닌 사람들은 항상 사이드에 있게 되니까요. 성형에 관심이 없던 애들도 점점 "저 이번에 코 할래요" 이렇게 변하게 되는 거죠. 그러다 걔가 메인으로 오는 거죠. 그런 데서 자극을 받는 것 같아요.

회사에서 베스트 슬리머상을 줘요

　　외모를 '입고' 노동하는 여성 노동자의 모습을 가장 극명하게 보여 주는 이들이 바로 항공 승무원이다. '승무원' 하면 떠오르는 이미지를 그려 보자. 이마를 환하게 드러내 놓고 단정히 고정시킨 머리와 크고 늘씬한 몸매,

몸에 착 달라붙는 유니폼 정장에 하이힐을 신고 캐리어를 끌며 우아하게 공항을 활보하는 모습. 각 항공사마다 유니폼은 다르지만, 그녀들은 모두 비슷한 외모에 비슷한 분위기를 풍긴다. 미니멜은 여성이라면 한번쯤 꿈꿔 보는 이 일을 18년간 해왔다. 하지만 그녀의 모습은 승무원의 전형적인 이미지와는 달랐다. 우선 그녀의 짧은 커트 머리가 눈에 띄었다.

"보통 승무원 모습과 다르세요."

"비행기 탈 때는 평소 모습과 다르죠." 그녀는 편하게 응수했다. 미니멜은 대학 졸업을 앞두고 우연한 기회에 승무원이라는 직업을 접하고 시험에 응시해 지금에 이르렀다. 당시만 해도, 지금처럼 외모가 1순위는 아니었다.

미니멜(39세, 항공 승무원)_____외모는 부차적이었어요. 합격하는 데 조금 도움이 되는 정도랄까? 그때 좀 더 고민했던 건 언어였어요. 면접을 총 5차까지 보는데, 체력 관리랑 수영도 해야 하고, 영어 인터뷰가 두 번이나 있었죠.

승무원은 탑승객들이 목적지에 안전하게 도착할 수 있도록 돕는 '운송직이자 안전 활동직'이다. 그래서 면접에서도 의사소통에 필요한 언어와 응급 상황에 필요한 체력과 수영 등이 중요했다. 그렇다면 지금과 같은 이미지와 인식이 굳어지게 된 이유는 뭘까? 미니멜은 항공사들 간의 경쟁이 승무원들이 본래 해야 할 일보다 '서비스'에 집중하게 만든다고 말한다.

미니멜(39세, 항공 승무원)_____ 항공 산업을 시작했던 게 미국이나 유럽이었고, 이 게 점점 더 확대되면서 아시아 쪽에서는 중국·일본·인도·말레이시아·싱가포르 같은 곳에 항공사가 만들어졌죠. 그리고 서로 경쟁에 들어가면서 미국과 유럽은 높은 기술력을 바탕으로 한 하드웨어나 안전성에 방점을 두며 나머지 나라들과 경쟁을 하다 보니, 승무원들도 이와 관련된 직업군으로 간주되는 데 반해, 동양권에서는 하드웨어적인 부분에서 미국이나 유럽을 못 따라가니, 결국 소프트웨어적인 부분에서 경쟁을 하려 한 듯해요. 그래서 '여성·노예·하녀'와 같은 동양적인 순종미를 가진 여성 승무원 이미지를 내세우게 된 거죠. 이 직업이 체력을 많이 요하거든요. 비행기가 비상 착륙하거나 비행기 내에서 난동 승객이 있거나 하면 제압해야 하는 사람이 우리 승무원이고요. 그렇다면 필요한 조건은 사실 체력이죠. 서양이 그런 기준으로 승무원을 뽑아 왔다면 동양은 그와는 다른 차별화를 생각했던 거예요. 동양 항공사 대부분이 승무원들의 외모, 여성성을 강조하는 몸매, 피부, 얼굴, 그리고 서비스 자세까지 다 고려하잖아요.

미국·유럽 쪽은 이렇게 보면 안전과 관련된 업무에서 승객들에게 단호하고 명령적인 경향이 있고, 동양은 "네가 원하는 건 내가 다 들어줄게"라는 식인 거죠. 솔직히 모든 시중은 다 들어줄 것 같은 서비스로 경쟁력을 갖춰 와서 이만큼 성장하긴 했어요.

외국 항공사들이 계속 문제를 제기하는 부분 가운데 하나가, 세계 항공사 순위를 정하는 영국의 스카이트랙스(Skytrax) 같은 항공사 평가 기관들에서, 항공사 서비스를 심사하는 사람들이 대부분 남성이고 유럽 쪽 사람들이라는 거예요. 이들이 동양 쪽의 서비스 점수를 아주 높게 줬거든요. 그러면서 이런 것들이 점점 극대화되었죠.

승무원의 근무 환경은 마치 여성의 노동환경 문제를 압축적으로 보여주는 축소판 같다. 업무 전반에서 여성성을 강조하고, 그것을 경쟁력으로 삼기 때문에 여성의 외모는 사측의 공공연한 관리·감독 아래 놓이게 된다.

미니멜(39세, 항공 승무원)＿＿베스트 슬리머상이라고, 지금 몇 킬로그램인데 앞으로 몇 킬로그램을 더 빼면 상을 주는 제도가 공식적으로 시행되고 있어요. 얼마 전에는 승무원 다섯 명 정도에게 살이 많이 쪘다고 휴직해서 살 빼고 나오라고도 했어요. 한 명은 승무원직에서 일반직으로 아예 전직을 시켰어요. 결국 한 후배는 회사를 그만두더라고요. 너무 자존심이 상해서.

성형과 다이어트가 일상화되고 사회적으로 만연하다 보니 회사에서 '베스트 슬리머'라는 이름으로 체중 관리까지 압박한다. 사회적 기준에 맞춰 외모 관리가 점점 확대되는 것이다. 체력이 중요한 직업인데도 체중을 무리하게 빼야 하니 건강이 위협받을 수밖에 없다.

미니멜(39세, 항공 승무원)＿＿저희가 신는 구두 굽 높이가 5센티미터, 7센티미터예요. 기내에서 신는 게 또 있는데 얼마 전에 제 동기가 허리를 다쳐서 평상시에 일반직들이 신는 3센티미터 단화를 지급받고 싶다고 했어요. 그래도 불가

판정을 받았죠. 아픈데도 안 된다는 거예요.

체중이 증가해서 유니폼의 수정을 요청하면 면박을 주거나, 체중 감량을 하고 오라고 휴가까지 준다. 관리의 대상이 되는 것은 비단 몸무게만이 아니다. 외모와 관련된 아주 작은 요소 하나하나까지도 이들에겐 규제의 대상이다.

미니멜(39세, 항공 승무원)＿＿＿ 일단 머리를 묶어야 돼요. 머리가 짧으면 귀 뒤로 넘겨야 되고, 옆머리 내려오면 안 되고, 서비스할 때 앞머리 흘러내리면 안 되고요. 얼굴 피부 톤은 맑고 투명하게 정돈해야 되고, 눈썹은 자연스럽게 갈색이나 흑갈색으로, 아이라이너는 꼬리를 너무 길게 해서도 안 되고, 아이섀도는 펄이 과도하지 않아야 되고, 색상은 분홍 정도의 색깔로 하고 하늘색 계열이나 초록색 계열 같은 푸른색을 넣으면 안 되고, 구취가 나면 안 되고, 립스틱 색깔이 너무 빨개도 안 되고, 귀걸이는 한쪽에 하나씩 해야 하고, 재질은 다이아몬드나 백금, 은, 유색 보석 가운데 사파이어는 가능하지만 주석이나 플라스틱 재질은 안 되고, 달랑거리는 귀걸이를 했을 때는 귀밑 1센티미터를 넘어선 안 되고, 갈고리 형은 안 되고, 스타킹 색깔은 커피색, 치마는 무릎 선으로 유지해야 하고 …… 뭐 이런 식으로 머리부터 착착착 내려와요.

미니멜은 자신의 몸을 짚어 나가며 항공사의 외모 지침을 쏟아 냈다. 지침서를 줄줄줄 외우고 있을 만큼 몸에 배어 있는 것이다.

사실 그녀는 오랜 시간 사내의 외모 지침을 바꾸기 위해 노력해 온 사람이었다.

미니멜(39세, 항공 승무원)___2001년에 저희가 두발 자유화를 얘기했어요. 승무는, 여기는 1기압이고 비행기로 올라가면 0.8기압이기 때문에 모든 몸의 기관들이 팽창하게 되어 있고, 과자 한 봉지를 들고 타도 빵빵하게 부푸는 것처럼 모공이나 이빨이나 모든 장기가 다 들떠 있는 상태가 돼서 머리도 엄청 잘 빠지거든요. 근데도 꼭 머리를 묶고 스프레이를 뿌려야 해요. 이게 얼마나 고통인지 서로 말하기 시작하던 차였어요. 2000년 파업 때 두발 자율화를 요구하면서 커트 머리를 할 수 있게 해달라고 했죠. 파업 후에 요구가 받아들여져서 사람들이 열심히 커트 머리를 하고 다녔는데, 체크 점수가 낮게 나온 거예요. 그것뿐만 아니라 한 20명씩 그룹을 만들어서 장을 한 명 정해 놓고는, 머리를 묶는 게 더 예쁠 거 같다는 식으로 계속 얘기했어요.

그러니까 점점 원 상태로 돌아가서 지금 머리를 자르고 다니는 사람이 딱 다섯 명밖에 안 되는 상황까지 됐어요. 아시아나 그룹 전반적으로 외모 관련 규정이 워낙 강하다 보니까, 사람들이 자기 얘기를 못 하는 거예요. 제가 바지 만들어 달라고 국가인권위에 진정해서 바지가 만들어졌는데, 치마가 불편해도 지금 한 명도 바지를 안 입고 있어요. 단 한 명도. 바지 나오면 입겠다고 한 사람이 정말 많았는데, 점수가 깎일까 봐 그런 거죠.

그녀 자신조차 스스로 싸워서 얻어 낸 바지 유니폼을 입을 수 없었던 것은 만들어진 유니폼이 몸에 맞지 않기 때문이다. 이런 직장에서 그토록 오랫동안 고군분투하는 이유는 무엇일까? 그녀는 무엇보다 자신의 일에 대한 자부심이 강한 여성이었다.

미니멜(39세, 항공 승무원)＿＿＿ 일을 하면 할수록 배울 게 정말 많아요. 각 나라별로 외국인들의 특성을 파악해 가는 것도 재미있어요. 또 제가 비즈니스 클래스, 퍼스트 클래스 다니면서 식음료를 서빙 하려면 그 사람들의 다양한 취향도 알아야 하고 대화를 하려면 많이 공부해야 하거든요. 이런 것들에 자부심을 느껴요.

1년마다 응급 구조 자격증을 갱신해요. 무슨 일이 벌어지면 조치를 해야 하니까요. 옛날에 어떤 행사에서 어떤 사람이 거품 물고 쓰러져서 알고 있던 응급 조치를 척척 해버렸죠. 다 한 번씩 실습해 본 일이었으니까요. 그런 것들이 축적되는 게 아주 자부심이 커요.

그녀는 승무원으로서 가지는 자부심이나 전문성을 외모라는 기준 하나로 무너뜨리는 사측에 분노를 느끼면서, 이 사회 전반에 퍼져 있는 여성의 노동에 대한 폄하와 과도한 외모 관리 요구 역시 새롭게 보게 되었다고 말한다.

미니멜(39세, 항공 승무원)＿＿＿ 이 모든 것들이 그냥 외모, 젊음으로 획일화돼 버리고 "너네는 그런 일만 하는 사람이야"라고 취급해 버리는 것 자체가 너무 기분이 안 좋았어요. 그래서 회사랑 열심히 싸웠던 부분도 있고, 승무원들에게 이게 문제라고 알려 주고 싶었던 부분도 컸어요. 작년쯤 엄청 추웠잖아요. 추운 데 바지 하나 없이, 치마도 여름 치마인데 그걸로 버티는 거예요. 사계절 내내 같은 치마거든요. 그 치마에 얇은 스타킹 하나 신고 덜덜 떨며 출퇴근하는 것, 거기서 발전하지 못하고 있는 것 자체가 답답해서 문제를 제기했던 거죠.

미니멜의 답답한 마음에는 자신이 겪고 있는 어려움과 부당함을 개인적 불평으로 끝내는 데 그치지 않고 함께 변화시키고자 노력했던 시간들이 녹아 있다. 하지만 여성들 내부에서조차 복장이나 외모 꾸미기에 대한 문제 제기에 공감하지 못하는 경우가 많았다. 그녀는 그럴 때 오는 좌절감을 토로했다.

미니멜(39세, 항공 승무원)____제가 2년 가까이 용모 복장 지침을 폐기하고 바지를 만들라고 이야기한 것에 대해 지지하는 사람들도 많았지만 거꾸로 "그게 무슨 문제야"라고 얘기하는 승무원들도 꽤 많았어요. 너무나 오랫동안 적응해 왔기 때문에 문제의식을 가지는 것 자체가 낯선 거죠. "치마가 일단 더 시원하고 걸어 다니기 편할 수 있는 거 아니야? 이게 왜 문제가 되지? 나는 이걸로 한 번도 성적 수치심을 느낀 적이 없어." 하는 거죠.
근데 저는 선택할 수 있다는 걸 말하고 싶은 거거든요. 선택해서 불편하지 않으면 당신이 선택할 수 있는 거지만 그 모든 선택권 자체가 박탈되어 있는 것 자체가 문제라는 거죠.

여자가 안경 쓰면 예쁘지 않다고 생각하는 것, 남자는 안경을 쓰고 비행기를 탈 수 있는데, 여자는 쪽머리를 한 채 안경을 쓸 수 없어서 렌즈를 끼거나 수술을 하라고 요구하는 것 자체가 문제라는 거죠. 문제화하지 않고 있는 것 자체가 문제인 게 지금의 상황이에요.

그녀가 승무원의 외모 규정을 너무나 당연시하는 분위기 속에서 힘든 싸움을 하기로 결심한 이유는 무엇일까?

미니멜(39세, 항공 승무원)_____승무원 복장 문제를 여성 문제로 바라봤던 게 가장 커요. 외모 관리를 위해 남자보다 여자가 훨씬 더 많은 시간을 할애해야 하는 부분이 있잖아요. 이 직종뿐만 아니라 대부분이 여성이지만 남녀가 같이 있는 직종에서도 다 마찬가지잖아요. 이건 노동 현장에서의 명백한 남녀 차별이에요. 엄청난 차별. 그런 것들이 노동 현장에서 사라져야 된다는 주장이죠. 저는 외모 규정을 간소화해야 하고, 동일하게 적용해야 하고, 아니면 모두 폐기해야 한다고 생각해요.

하지만 여전히 현실은 녹록치 않다.

미니멜(39세, 항공 승무원)_____그런데 정말 극단적인 이슈인 것 같아요. 사람들이 요즘 외모가 경쟁력이라고 입버릇처럼 얘기하잖아요. 예를 들어서, "네가 출신 배경이 보잘 것 없다 해도 외모만 되면 중상위권은 가"라고들 얘기하는데, 실제로 외모 경쟁력이 높은 이 직업에 대해서는 이상한 시선을 보내는 것 같아요. 외모가 돋보이는 승무원들한테, 직업인으로 보기보다는 '연예인하고 결혼하려고 승무원 한다'는 둥의 말을 하는 거죠. 그게 억울한 거죠. 결국 여자는 직업인으로 당당하게 인정받는 게 아니라 '보여 주는 여자'로 계속 살아야 되는 거예요.

몸의 문제에 대한 고민은 몸을 논해 왔던 기존의 담론들이 대개 그러했던 것처럼 몸의 물질성을 존재론적으로 긍정하는 결론에 그쳐서는 안 된다. '몸이란 무엇인가'라는 질문은 그 '몸'을 정의하는 과정에 작동하는 권력들의 그물망으로부터 자유로울 수 없기 때문이다.

___전해은 『섹스화된 몸』(2010, 새물결) 중에서

10여 년 전까지만 해도 존재했던, 키와 몸무게까지 적어 넣는 이력서 양식은 사라졌지만 실제 직장에서의 외모 관리 요구는 더 교묘하고 정교하게 강화되고 있다. 신자유주의 사회는 경쟁을 합리화하고 모든 개인을

원자화한다. 이 과정에서 외모는 개인의 스펙이며 자산이고 관리해야 할 대상이자 경쟁력이라고 부추긴다. 인격과 업무 능력까지 외모에 의해서 좌지우지되는 오늘날, 외모 관리는 시대의 사명이자 개인의 숙명이 되어 버린 것이다.

특히 여성 노동 분야에서는, 세밀한 복장 규정과 다이어트 요구를 통해 외모 관리 요구가 한층 더 정교화되고 일상화되었다. 서비스직, 판매직, 사무직, 전문직 등 직종과 관계없이 여성들은 "좋은 인상이어야 한다"라는, 은밀하게 포장된 목표 아래 끊임없는 외모 관리와 외모 개선 요구에 시달린다.

미니멜은 자본에 잠식된 사회, 몸이 자아로 대변되는 사회, 여성 노동이 업무의 성격과 관계없이 외모가 전부인 사회에서 우리가 문제를 제기하지 않는다면 인권이라는 가장 기본적이고 중요한 가치까지 침해받을 것이라고 말한다. 정년까지 일하고 싶다는 그녀를 포함한 많은 여성들이 일 자체에 몰두할 수 있는, 외모 관리로 인해 고통받지 않는 사회를 만들기 위해서는 이제라도 잘못된 기대치들을 무너뜨리고 다시 세우는 작업이 시작되어야 한다.

사진이 포함된 이력서를 당연시하는 사회적 분위기를 바꾸는 것, 업무와 관계없는 복장이나 외모 규정에 대해 문제를 제기하는 것, 직장 내에서 서로의 몸에 대해 말하지 않는 문화를 만드는 것과 같은 제도와 인식의 변화가 절실하다.

4
장

외모 관리의   민낯

고등학교 때까지 뚱뚱했다. 진짜 많이 먹었다. 저녁 먹고도 습관처럼 매일 라면을 먹었다. 주변에서는 대학 가고 스무 살만 되면 살이 쫙 빠진다고 했지만 전혀 그렇지 않았다.

그래서 독하게 마음을 먹고 3개월 만에 15킬로그램을 뺐다. 매일 토마토와 밥만 먹고, 칼로리 재고, 세 시간을 뛰고 …… 그러니까 안 빠질 수가 없었다. 여자는 다이어트가 성형이라고 하지 않나. 내가 원하는 옷을 입을 수 있다는 게 경이로웠다. 완전 여자가 돼있었다.

하지만 3개월이 넘어서자 요요가 왔다. 캐러멜을 하나 까먹다가 그 자리에서 한 봉지를 다 먹은 적도 있었다. 오랜만에 단 것을 먹으니까 먹으면서 식은땀이 났다. 술 먹은 것처럼 흥분돼서. …… 어느 날 안 먹으려고 일찍 잤는데, 새벽 세 시에 잠이 깼다. 설날이어서 맛있는 게 너무 많았다. 그 시간에 베란다에서 혼자 시루떡을 먹는데 갑자기 눈물이 왈칵 쏟아졌다. 친척들이 많아서 방에서 먹을 수가 없었다. 내가 괴물 같았다. 이렇게 사는 게 정말 괜찮을까?

———데이지(한국여성민우회 회원)

대체로 여성들이 남성들에 비해 외모 관리에 더 열심이라 생각되는데, 그것은 일면 사실이기도 하다. 그 이유를 여성들이 '본능적으로' 아름다움을 추구하기 때문이라고 보거나 여성성이라는 생물학적 원인에서 찾기도 한다. 하지만 성형이 점차 일상화되고 있는 한국 사회에서 예뻐지고 싶다는 욕구는 단순히 '본능'이라고 볼 수만은 없다. 여성들은 왜 이토록 불안하고 위험한 선택을 하게 된 걸까? 그 선택에는 어떤 기대와 욕구가 작용하는 것일까? 여성들은 언제 외모 관리를 결심하고, 어떻게 실천하며, 그 결과는 무엇일까?

눈에 띄게 늙고 있다

권미령(50세, 요식업)_____지금은 화장이 아니라 피부 관리잖아요. 나이가 어려 보이려면 피부가 좋아야지. 가장 많이 신경 쓰이는 부분은 팔자 주름이랑 눈가 주름. 그래도 눈가는 웃어서 생긴 거니까 자연스러운 편인데 팔자 주름은 살이 무너지는 것 같아요. 여자들이 제일 많이 없앴으면 하는 부분 중 하나잖아요. 팔자 주름 없애려고 보톡스, 필러를 많이 맞지. 보톡스는 티도 금방 나고 오래 안 가. 필러가 더 비싸긴 해. 한 번 놓고 2주 있다 경과 보고 다시 놔요. 자연스럽게. 우리 나이 또래는 자연스럽고 예뻤으면 좋겠다는 생각을 해요.

우리 사회에서 여성의 나이 듦에 대한 부정적인 시선은 그리 낯선 것이 아니다. 현재 한국 사회에서 여성들의 최대 화두는 '동안'이다. 노소를 불문하고 모든 여성이 '동안'이 되기 위해 고군분투한다. 올해 50세인 권미령 씨 역시 '자연스럽게' 나이 들기를 원한다. 자연스러움을 방해하는 것 가운데 하나가 팔자 주름이다. 주름이 많아질수록 "살이 무너지는 듯한" 느낌을 받는다. 권미령 씨의 말처럼 "예쁘게 늙어 가야" 하는 숙제가 있는 것이다.

대학 시절 학생회 활동에 열정적이었던 진유미 씨는 외모 관리에 무심했던 자신의 20대 시절을 후회하기 시작했다.

진유미(30세, 광고회사원)_____저는 여대 나왔거든요. 분위기가 좀 달라요. 친구들은 미팅도 많이 하고 소개팅도 하고, 남자 친구도 만나야 하고 이러니까 외모 관리를 많이 했었어요. '머리를 어떻게 하는 게 예쁘냐' '화장을 어떻게 하는 게 예쁘냐' 이런 얘기를 많이 했던 것 같아요. 저는 그런 게 좀 당혹스러웠어요. 외모 관리도 하고 있지 않았고, 그런 데 서툴러서 좀 속상했던 것 같아요. 제가 털털하게 소년처럼 학교생활을 하고 있을 때 그 친구들은 관리를 잘 받은 거죠. 그래서 어렸을 때는 저보다 외모가 좀 안 예쁘다고 생각했던 친구들이 사회생활을 시작하고는 저보다 월등하게 예뻐지는 모습을 보니까, 아, 난 뭐했지 그런 생각이 들더라고요.

외모 관리가 무조건 나쁘다고 생각하지 않지만, 친구들을 보면 너무 그런 쪽으로만 생각하는 애들이 많아요. 결혼을 하기 위한 필수 조건 중 하나가 외모인 것처럼 얘기하는 친구들이 참 많거든요. 그런데 저는 외모가 그렇게까지 중요하다고 생각하지 않아서, 그런 친구들과 얘기하고 있으면 답답하다고 할까? 하지만 다른 한편으론 내가 너무 뒤처지는 건 아닌가 그런 생각도 들고요. 이제 눈에 띄게 늙고 있다는 생각에 조금 슬프기도 하고……

서희는 최근 취업 준비를 하면서 외모를 자기 관리 여부의 척도로 보는 노동시장 분위기를 체감했다. 어쩌다가 외모가 이토록 강력한 자기 관리의 평가 지표로 자리 잡게 된 것일까?

여성들은 자신이 보는 몸과 타인이 보는 몸 사이에서 줄타기를 한다. 몸은 자신과 타인의 경계를 이루며 자기 정체성을 형성하는 데 가장 핵심적인 역할을 한다. 일상적으로 내 외모에 대한 타인의 시선을 느끼고, 타인의 외모를 나 역시 같은 시선으로 바라보게 된다. 벗어날 수 없는 외모 관리의 드레스를 달리고, '타인이 보는 나'를 의식하며 보내는 인상이 비단 개인만의 문제는 아니다. 사회 전체적인 문화가 타인을 의식하는 문화이기 때문이다.

과도한 다이어트는 강박과 불안을 심화시키고 정서적 문제를 낳기도 한다. 식이 장애 같은 것이 그런 것이다. 10대 때부터 7년간 식이 장애를 앓았던 오뷰는 거식증과 폭식증이 시작된 이유에 대해 이렇게 말한다.

오뷰(23세, 대학생)_____제가 좀 통통하고 식욕이 좋았는데, 주위 사람들로부터 놀림을 많이 받았어요. "못 보던 사이에 뚱뚱해졌네?" 우리나라는 인사할 때 살쪘니, 살 빠졌니 이런 얘기 많이 하잖아요.

중학교 땐 괜찮았는데 점점 날씬해지고 싶더라고요. 관심도 받고 싶고 사랑도 받고 싶은데 말로 하기는 싫고. 식이 장애는 다이어트 때문에 생기는 게 아니라 마음의 병인 것 같아요. 저는 예뻐지기 위해 날씬해지고 싶었던 것보다는, 야위어서 사람들에게 관심 받고 동정 받고 싶은 마음 …… 내가 아프지 않으면 사랑받을 수 없으니까, 아파야만 했어요.

거식증, 폭식증이 왔다 갔다 해서, 기숙사에서 인터넷으로 찾아봤죠. 식이 장애가 뭔지, 거식증이 뭔지요. 안 그래도 죄스러운데 도움을 받을 수는 없다고 생각했어요. 혼자 치료하려고 노력은 했는데, 되겠어요?

어느 날 엄마한테 너무 아파서 못 견디겠다고 전화했던 것 같아요. 음식도 제대로 먹지 못하고 공황장애 때문에 몸이 아팠어요. 사실 심리적인 문제였는데 엄마는 계속 소화기과만 데리고 갔죠. 당연히 병원에서는 이상이 없다고 했어요. 살은 계속 빠지고. 그래서 엄마한테 어느 날, "나 여기 있으면 안 되고 정신병원에 가야 돼"라고 했어요.

식이 장애는 자아 존중감과 관계가 있다. 식이 장애가 남성보다 여성에게서 발병률이 10배 이상 높은 것은 뚱뚱한 여성에게 가해지는 사회적 처벌 때문이기도 하다. '게으르고 자기 관리를 못한다'는 비난이 쏟아지는 것이다. '야위어서 관심받고 동정받고 싶었다'는 오뷰의 이야기는 여성들의 몸 관리가 인정 욕구와 관련되어 있음을 보여 준다. 오뷰는 친구들 중에서도 식이 장애를 앓고 있는 사람들이 많으며 "그날의 몸무게에 따라 하루의 기분이 결정되는 사람이 많다"고 이야기한다.

식이 장애는 일반적으로 외모에 심각하게 집착하는 일부 여성들의 심리적 문제에서 비롯된 증상으로 국한시켜 보는 경향이 강하지만, 다이어트를 목적으로 한 식이 장애까지 폭넓게 고려한다면 음식과의 관계에서 '자유로운' 여성들은 많지 않다. 많이 먹었을 때 갖는 죄책감이나 적게 먹었을 때 오는 성취감을 대부분 겪고 있는 것이다.

외모 관리의 문제는 단지 성인 여성에만 국한되지 않는다. 인터뷰를 위해 만난 10대들에게 어떤 외모를 갖고 싶냐고 물었을 때 대부분은 "흰 피부, 빨간 입술, 쌍꺼풀 진 큰 눈, 마른 몸"이라는 정형화된 답을 갖고 있었다. 질병관리본부의 "2012년 청소년 건강 행태 온라인 조사"에 의하면, 전국의 중고등학생 7만2,229명 가운데 80.7퍼센트가 정상 체중으로 나타났지만, 여자 중고등학생 가운데 35.6퍼센트가 "나는 뚱뚱하다"라고 답했다(남학생은 22.2퍼센트). 이는 10대들의 신체 왜곡의 심각성을 보여 준다. 현재 남녀공학인 고등학교를 다니고 있는 희재 역시 외모에 관심이 많았다.

희재(17세, 고등학생) ___ 사람들이 나를 많이 봐줬으면 좋겠고, "쟤 예쁘다" 했으면 좋겠고, 인기도 많아졌으면 좋겠고. 아무래도 남녀공학이다 보니까 더 그랬던 것 같아요. 머리 자르고 학교에서 예쁘다는 소리를 많이 들었거든요. 그러다 보니 더 예뻐지면 좋겠고 인기도 더 많아지면 좋겠더라고요. 그런 소리 들으면 기분 좋으니까. 렌즈 이렇게 하면 눈이 심하게 충혈되는데 그래도 끼고 있고. 이쪽 눈이 아파서 안대를 끼더라도 다른 쪽 눈은 렌즈를 껴요. 애들이 돈이 없으니까 눈에 정말 안 좋은 오천 원짜리 컬러 렌즈, 서클 렌즈 같은 거 끼고, 뻑뻑하거나 살짝 찢어져도 참고 껴요. 입에 넣었다가 눈에 다시 끼고……. 눈이 제일 예뻐야 한다고 생각해요.

고기가 된 느낌이었어요

빅뷰티는 대학에 가서 페미니즘을 접하게 되었고, 지금은 SNS를 이용해 큰 몸을 긍정하기 위한 캠페인 활동을 하고 있다. 그렇지만 자신의 몸을 향한 날선 시선들과 조롱으로부터 완전히 자유로울 수는 없었다.

빅뷰티(25세, 대학생)___사실 아무리 페미니즘을 접한다고 해도 20년 이상 자기 몸에 체화된, 큰 몸에 대한 혐오가 사라지진 않았어요. 그래서 어느 날 밤에 별 생각 없이 인터넷 검색을 하다가 '다이어트, 뱃살 빼기, 운동, 시술, 지방 흡입' 이렇게 연관 검색어를 타고 가다 보니까 지방 흡입 이벤트를 발견하게 된 거예요. 요새 강남 쪽에 성형외과들이 우후죽순 생겨나서 경쟁이 치열해지니까 모델을 모집하는 경우들이 꽤 생기더라고요. 그래서 거기 지원해 뽑혔어요. 7시간 정도 전신마취를 하고 수술을 했는데, 그때 지방만 한 10킬로그램을 뺐어요. 견적은 제가 알기로 1천8백만 원 정도가 나왔고요. 굉장히 고통스럽긴 하더라고요. 일단 7시간 전신마취를 하는데, 뇌가 아예 멈추는 거잖아요. 그리고 나서 2주 정도는 머리가 멍했어요.

전신 지방 흡입 수술은 구체적으로 어떤 과정을 거쳐 이루어졌는지 물어보았다.

빅뷰티(25세, 대학생)_____ (몸을 가리키며) 여기 약간 자국이 있잖아요. 길이가 검지부터 손목까지 정도 되는 기구가 따로 있어요. 굵은 빨대라고 생각하시면 되는데, 그걸로 사람 몸을 쑤시는 거예요. 제가 알기로는 기계에 호스를 연결해서 지방을 담을 큰 통을 옆에 두고, 그 기구를 몸에 찔러 넣으면서 그냥 눌리적으로 지방을 빼는 거죠. 왜 7시간이냐면 그 이전에 제 몸에 주사기로 어떤 액체(습윤 용액)를 많이 넣어 놓는대요. 왜냐면 뽑으려는 지방을 물컹하게 만들어야 하니까, 묽게 만들어서 한 40분에서 1시간 정도 지나고 나서 그렇게 구멍을 뚫고 기구를 넣는 거죠.

생살을 찌르는 거니까 일단 수술을 하고 나서는 붓기랑 멍 때문에 너무 고통스러웠어요. 수술하고 한 2주 동안 혼자 못 움직여요. 온몸에 붕대를 감고 있기 때문에 항상 옆에서 누가 간호를 해줘야 해요. 지하철이나 버스를 타는 것도 굉장히 힘들었어요. 엉덩이까지 수술을 해서 엉덩이도 부어 있었거든요. 붓고 멍든 부분이 어디 닿아 마찰이 되면 굉장히 아파요. 그 아픔을 마취제도

없이 그냥 견뎌야 되는 거예요. 이런 식으로 두 달을 지냈고, 6개월 정도 되니까 붓기가 빠지더라고요.

비포 앤 애프터 사진처럼 결코 간단한 과정은 아니다. 기대했던 결과도 생각과는 조금 달랐다. 전신마취까지 하는 큰 수술이었지만 병원에서는 그녀를 환자도 고객도 아닌, '이벤트 당첨자'로만 관리·감독하려 했다.

빅뷰티(25세, 대학생)___수술 시점으로부터 6개월 뒤에 애프터 사진을 찍는 게 조건이었어요. 그래서 강남 스튜디오에서 사진을 찍었어요. 그런데 병원 쪽에선 계속 "수술을 하고 나서도 살을 빼야 한다"고 그랬어요. 전 더 빼진 못하고 붓기만 빠진 상태로 갔어요. 사실 걱정을 많이 했어요. 애프터 사진을 찍는 날짜가 점점 다가오는데 고소당하면 어떡하지?
10킬로그램을 빼야 한다는 계약 조건은 없었어요. 사실 병원이랑 계약을 한 게 아니고 중개업체가 있었어요. 무슨 뷰티, 무슨 메디컬 이런 식으로 중개업체가 있는데 중개업체랑 제가 계약서를 썼거든요. 그 중개업체는 또 병원이랑 계약서를 쓰겠죠? 아무튼 저는 병원이 아니라 중개업체의 요구에 최대한 열심히 따른다고 되어 있어서 제가 단서를 달긴 어려웠어요.
사실 수술을 하고서도 〈미녀는 괴로워〉에 나오는 김아중처럼 그렇게 큰 변화를 겪는 전신 지방 흡입 환자는 없어요. 한국에 전신 지방 흡입 하는 사람이 많지 않기도 하지만, 다들 김아중처럼 변하지는 않거든요. 그게 일종의 환상이에요.

사실 살을 더 못 빼서 걱정되기도 했지만, 약간 '배 째라?' 이런 마음도 있었어요. 그래서 사진관에 가서 약간 구박을 받으면서 사진을 찍었고요. 거기서도 "솔직히 운동 안 했죠?" 그러더라고요.

그런데 애프터 사진을 찍어야 한다고 병원에서 지방 흡입을 더 하겠다고 하더라고요. 정말 무서웠던 게, 처음에는 제가 10킬로그램보다 더 빼달라고 해도 병원에서 뺄 수 있는 지방량에 한계가 있어서 몸에 무리가 온다고 하면서 10킬로그램만 뺀 거였거든요. 그런데 다시 할 때는 처음에 뺐을 때보다 더 뺀다고 하는 거예요. 제가 살을 못 빼니까요. 제가 정색하면서 지금 이대로가 좋다고, 지금 정도 사이즈가 줄어든 것으로도 좋다니까 병원에서도 어쩔 수 없이 "그럼 환자분이 만족하면 됐죠" 하면서 받아들이긴 했는데, 씁쓸한 표정이더라고요. 그렇게 그 애프터 사진만 찍고 마무리했죠.

병원에서 요구했던 게, 6개월 동안 격주로 사진을 찍는 거였어요. 그래서 거의 속옷만 입은 비포 사진이랑 애프터 사진을 게시했는데, 굉장히 많은 분들이 저한테 쪽지와 댓글을 남겨 주셨어요. 전부 확인한 건 아닌데 한 6개월 동안 6백 건이 넘었던 것 같아요. 그래서 아마 병원에서 저를 그냥 둔 게 아닌가 싶기도 해요. 홍보 효과는 있었던 거니까요. 어쨌든 그렇게 수술이 끝났어요.

빅뷰티는 '성형외과 일반인 홍보 모델'로 수술을 하게 되면서 수술 이후에도 병원에서 살을 더 빼야 한다는 압박을 받았다. 그리고 살을 빼지 못했기 때문에 병원에서는 지방 흡입 수술을 한 번 더 권유했다. 처음과는 달리 10킬로그램 이상을 빼보자며 돌변한 병원의 태도에서, 빅뷰티는 부작용으로 인한 고통은 온전히 자신의 몫임을 알게 됐다. 큰 수술 이후, 그 녀는 기대했던 만큼 결과가 완벽하지 않았고, 너무나 고된 과정이었다고 했다. 6백 건 이상의 문의 쪽지를 받으면서, 본인도 수술을 했지만 이렇게 많은 여성들이 수술을 고민한다는 데 놀랐다고 했다.

혹시 부작용은 없었는지 물어봤다.

빅뷰티(25세, 대학생)_____부작용이라 …… 지방 흡입을 원하는 여자들에게 팁을 주는 것 같아서 적절한 답인지는 모르겠네요. 배나 허벅지나 엉덩이가 지방이 많이 축적되는 부위잖아요. 수술 후에 관리를 제대로 안하면 정말 쉽게 살이 찌는 것 같아요. 왜냐면 우리 몸이 주머니라고 할 때 그 주머니 안에 있는 내용물을 뺀 거잖아요. 그런데 우리 몸은 회귀본능, 그런 게 있어서 그다음에 기회만 되면 그 주머니를 불리려고 해요. 그래서 정말로 많이, 빨리 불어요. 원인이 수술 때문은 아닐 수도 있어서 좀 위험한 발언이긴 한데, 자주 피곤함을 느껴요. 수술을 하고 나서 조금만 뭘 해도 피곤해요. 그리고 정말 자주 아파요. 한 시간 이상 대화를 하면 갑자기 머리가 아파 오더라고요. 잦은 두통과 피로, 그런 게 부작용인 것 같아요.

수술 전 의사로부터 부작용에 대한 이야기를 들어본 적은 있었을까?

빅뷰티(25세, 대학생)_____없었어요. 오직 미용에 관한 이야기만 해줬어요. 예를 들면, "지금 ○○ 씨의 배 둘레가 크기 때문에 안에 있는 내용물을 꺼내면 주름이 질 수 있다. 그래서 복근 운동을 많이 해줘야 한다" 이런 식으로요. 수술하고 나서 피곤할 거다, 면역력이 떨어질 거다 같은 건강 관련 조언은 전혀 없었어요.

그런데 많은 경우에, 지방 흡입이 보편화되지 않은 수술이라서 사람들이 어떤 부작용을 겪어도 수술 때문이라고 생각하지 않는 것 같아요. 병원에서도 환자들이 태클을 안 거니까 그런 서류(부작용 고지가 포함된 수술 동의서)를 안 쓰는 것 같아요. 그리고 제가 그때 병원 의사랑 상담하면서 들었는데, 지흡(지방 흡입) 환자들은 수술을 하고 나서 대부분 잠수를 탄대요. 다른 수술에 비해서 사후 관리가 정말 많이 요구되거든요. "복근 운동 하시고요, 고주파 받으시고요" 이런 식이니까요. 6개월 동안 죽을 둥 살 둥 이걸 해야 하기 때문에 환자들이 수술을 하고 나서 무서운 거죠. 살이 찌신 분들은 대부분 운동하는 걸 싫어하잖아요. 그렇기 때문에 수술을 하긴 했지만 병원에서 갑자기 운동해! 이러니까 '운동하기 싫은데 어떡하지 나 무서워……' 이런 식으로 병원을 아예 안 가다 보니 부작용에 대한 말도 별로 없는 것 같아요.

취업준비생인 서희는 보톡스를 맞기 위해 성형외과에 가본 적이 있다.

서희(25세, 취업준비생) ____ 수술 전에는 보통 미용적인 설명을 많이 해요. 보톡스 부작용은 크게 얘기를 안 해요. 무서우니까 제가 먼저 물어보죠. 그런데 부작용은 흔치 않다고 하더라고요. 의사가 아니라 상담자가 따로 있어요. 저는 20대로 보이는 남자분께 상담을 받았어요.

저는 광대뼈가 고민인 언니랑 같이 갔는데, 상담사에게서 기계적인 느낌을 많이 받았어요. "여기는 어떻게 하시면 되고요, 이건 얼마고요. 여긴 얼마고요" 이러는데 고기가 된 느낌이었어요. 자기도 방금 필러 맞았다고 그러면서 무섭지 않다고 쉽게 얘기하더라고요. 엄청 많이 꾸민 느낌의 남자였어요. 병원이라기보다는 고객에게 얼굴이나 외모를 파는 곳이구나, 이런 느낌이 들었어요.

성형 시장은 여성들이 환자나 고객으로서 자신의 권리를 요구하기 어렵다는 것을 잘 알고 있으며 이를 이용한다. 성형수술이 명백히 '의료 행위'임에도 부작용 문제가 공식화되지 않는 것은, 빅뷰티의 말처럼 부작용은 '사후 관리를 제대로 하지 못하는 게으른 여자'에게나 발생한다고 병원에서 계속해서 주입시키기 때문이다. 이는 자기 관리의 일환으로 성형이 포장되고, 모든 결정이나 책임이 여성 개인의 몫이라는 사회 인식이 팽배해 있기 때문이기도 하다. "신체 변형을 통해 경쟁력을 갖추고 자신감을 높일 수 있다면 나쁠 게 없다"는 사고방식은 사실 "선택이라는 허울 아래 모든 짐을 개인에게 지우는 자충수"(오바크 2011, 15)다. 한 해 성형 부작용으로 접수되는 사건이 몇 천 건에 육박하지만 잘 알려지지 않는 것도 바로 이런 생각 때문이다.

성형뿐만 아니라 다이어트의 부작용 문제도 심각하다. 호주 유학 중이던 재희는 한국으로 돌아오기 직전 극심한 스트레스로 안 해 본 다이어트가 없을 정도였다.

재희(22세, 대학생)_____한국에 오기 직전, 위압감에 덴다(덴마크 다이어트)를 한 번 해봤어요. 한 열흘 치 식단이었어요. 염분은 전혀 없고, 거의 자몽하고 커피하고 아무것도 안 바른 토스트, 샐러드 이런 걸로만 이뤄져 있어요. 양념도 전혀 없고, 디톡스 효과도 있고 그렇대요. 그런데 저는 원래 식탐이 있어서 그렇게 식사량을 과하게 조절하면 나중에 폭식을 하게 돼요. 그래도 위험을 감내하고 해보자 했는데, 병에 걸렸어요. 위염이랑 편도선이 부어서 음식을 씹어 삼킬 수 없는 상태까지 간 거예요.

취업준비생인 서희도 물론 다이어트 경험이 있었고, 여전히 진행 중이다.

서희(25세, 취업준비생)_____20킬로그램을 뺀 적이 있어요. 3개월간 단백질 파우더만 먹었어요. 아침 점심 저녁으로. 그러니까 머리카락이 급격하게 빠졌어요. 영양분이 없으니까. 의사한테 갔더니 다시 난다고 걱정하지 말래요. 운동도 하긴 했는데, 주로 안 먹었어요. 제가 취직 준비를 오래해서 만날 사람도 없었어요. 사회생활을 할 필요가 없었어요. 계속 사람을 만났더라면 그렇게 못했겠죠.
스트레스 엄청 받았어요. 먹는 재미를 다른 걸로 채워야 하니까요. 그땐 77도 안 맞고 88도 사이즈가 없었어요. 지금은 66, 프리 사이즈로 나온 것도 입을 수 있으니까 좋아요. 지금은 옷가게에서 쫓아낼 정도는 아니니까요. 지금도 계속 빼고 있어요. 단백질을 먹으면 요요가 적대요. 요즘 단백질 위주로 먹어요. 예전보다 훨씬 조금 먹어요. 반의반이요.

믹맥(25세, 취업준비생)_____후배가 레몬 디톡스 다이어트? 그거 해보라고 세트를 사준 적이 있어요. 근데 한 사흘 했는데 친구들 때문에 망했어요. 친구들이 더 이상 굶는 걸 볼 수 없다며 막 밥을 먹어서 망했어요. 그래서 그때는 살이 안 빠졌죠. 고생만 하고 레몬물만 먹는데, 토할 것 같았어요. 전 그런 거 다 눈속임이라고 생각해요. 주변에 식욕 억제제를 먹는 사람을 몇 봤어요. 근데 우울증이 와요.

체중 감량이 목표인 이상, '건강'과 다이어트는 양립 불가능하다. 다이어트를 다짐하면 음식에 대한 집착은 더 강해진다. 다이어트 강권하는 사회가 여성들에게 신경증을 부여하고 있는 셈이다.

식이 조절이 낳은 스트레스로 인한 폭식 경험은 비단 재희와 서희만의 이야기가 아니다. 최근 케이블 텔레비전의 다이어트 프로그램에 출연해 70킬로그램을 감량한 고도 비만 여성이 위밴드 수술(위 용량을 줄여 음식을 적게 섭취해도 쉽게 포만감을 느끼게 하는 수술 방법 중 하나)로 사망한 사건이 있었다(『한겨레』 2013/09/23). 식도를 줄이는 위험한 수술이었는데도, 수술을 한 병원에서는 부작용을 고지했고 본인의 선택이었다며 책임을 회피했다. 외모 관리 열풍 속에 '건강'을 명목으로 다이어트를 권하지만 그것이 오히려 여성들의 건강에 위협을 가하고 있는 것이다.

자기만족 때문인 것 같아요

진유미(30세, 광고회사원)＿＿＿교정할 때 제 의지와 상관없이 살이 엄청 많이 빠졌어요. 그때 친구들이 "너 살 빠지니까 예뻐졌다" 이런 얘기를 진짜 많이 했거든요. 특히 제 주변에 있던 남자애들이 그런 반응이었어요. 그때 교정기를 하고 있었는데도 어깨가 으쓱하면서 교정하길 잘했다는 생각을 초반에 많이 했었죠. 자기만족인 것 같아요. 실제로 그들이 얼마나 저를 외모로 평가하는지 잘 모르겠지만 그냥 스치듯 누군가가 했던 한마디에 만족스러워서 '그래, 내가 이렇게 하길 잘했어' 생각하죠.

　　여성들이 외모 관리를 실천에 옮긴 이후에는 어떤 생각을 하게 될까? 자신의 달라진 외모와 달라진 타인의 태도, 친절해진 세상에 만족하며 행복해질까? 텔레비전이나 인터넷에는 성형, 다이어트로 '인생이 바뀐' 이야기가 가득하다. 여성들에게 성형은 외모로 설움을 안겨 준 사회에 대한 '복수'이기도 하다. 하지만 대부분은 성형 이후에도 자기 외모에 대한 불신이 계속된다. 서희는 성형을 계속하게 되는 심리를 이렇게 설명한다.

서희(25세, 취업준비생)＿＿＿제가 쌍꺼풀 수술에 성공하고 나니까 저한테 친구들이 엄청 물어봐요. 하지만 저는 딱히 추천하지는 않아요. 수술 후 심리 상태 변화가 좀 웃겨요.
수술 전에는, 수술하고 나서 한두 달은 사람 절대 안 만날 거야 이러고 다니거든요. 그런데 요즘은 기술이 많이 좋아져서 심한 붓기는 1~2주면 없어져요. 그래서 그 후에는 자기가 너무 예뻐 보여요. 자신감이 치솟아요. 3주 지나면 화장도 할 수 있어요. 그러면 친구들이 만나자고 연락이 와요. 그때 사진도 엄청 많이 찍어요. 저도 수술하고 나서 한 달에서 두 달간 만족도가 가장 높았어요. 하지만 객관적으로 봤을 땐 붓기가 좀 덜 빠져서 좀 아니거든요. 그런데 친구들을 보면 대체로 그 시기에 만족도가 가장 높아요.

결국 자신에 대해 객관적으로 못 보는 것 같아요. 6개월에서 1년이 지나면 붓기가 다 빠지고 내 눈으로 받아들이게 되는 시기가 오잖아요. 그럼 그때 단점이 보이기 시작해요. 나는 좀 티가 나는 것 같아, 라인이 맘에 안 들어, 눈꼬리가 이상해, 이렇게요. 2~3개월 때 찍었던 사진을 보면, 미쳤지, 이때 어떻게 돌아다녔나 싶어요. 1년이 지나면 자기 몸이 됐으니까 단점이 보이기 시작해요. 수술한 친구들한테 물어보면 맘에 안 들어 하는 경우가 많아요. 재수술하는 친구도 있고, 좀 더 화려한 화장술을 연마하는 친구도 있고요. 수술이 그래서 무서운 것 같아요. 다시 예전으로 돌이킬 수가 없잖아요.

이게 다 누굴 위한 거지?

막심(23세, 간호사) ____ 다이어트에 대해 고민을 많이 하는 편이에요. 사실 예전에는 무리해서 다이어트를 했고요. 1킬로그램이라도 빼려고 별 짓을 다했죠.

제 주변 사람들은 모두 꾸미는 데 관심이 많았어요. 그래서인지 과거에는 강박적일 정도로 심각한 측면이 있었던 것 같아요. 동생도 다이어트 약을 먹고 있었고, 주변 사람들도 다 그렇게 사는 것 같았어요. 다이어트를 하는 주변 사람들의 모습이 제게는 자연스러웠던 거죠. 심지어 의학적으로 가공했다는 콩기름(슈윤 용액)을 몸에 주입해 지방을 분해하는 시술을 하는 사람도 있었어요. 사실 제 팔은 스무 살 때 지방 흡입을 한 거예요. 그때는 조건을 달아 할인을 해주고, 친구를 데려가면 추가로 할인을 해주는 조건이 붙어 있었어요. 어린 맘에 친구들과 팔 지방 흡입을 하게 됐어요. 지금 생각해 보니 간단한 수술이 아니었는데……. 요즘 논란이 되고 있는 프로포폴 마취를 하거든요. 지방을 흡입할 부위에 용액을 주입하고 지방을 빼내는 수술이었어요. 4백 시시 정도 피를 쏟은 것 같아요. 제가 이런 수술을 받을지 생각도 못했어요.

그러다 '이게 다 누굴 위한 거지? 내가 예뻐지기 위해서인가? 예쁘다는 기준이 뭐지?' 하는 생각이 들더라고요. 외적으로 보이는 것에 대해 심하게 강박적인 면이 있었죠. 나중엔 끝이 없다는 생각이 들더라고요. 지금은 건강한 이미지를 갖겠나고 생각하면서 성형이나 다이어트에 대한 고민은 줄어들었어요.

막심은 본 프로젝트의 기획단으로 이 책의 기획에서부터 인터뷰까지의 과정을 함께했다. 그녀는 간호사로 일하며 생긴, '몸'에 대한 이해에서 한 발 더 나아가, 사회·문화적인 관심과 참여가 동시에 이뤄져야 한다고 이야기한다. 지방 분해 수술을 계속 받았지만 주변에서 일상적으로 이루어지는 일이었기 때문에 그게 '이상하다'는 느낌을 받지 못했다. 하지만 그 과정이 반복되고 계속되면서, "이것이 누굴 위한 것일까?"라는 질문이 생겼다. 계속되는 신체 변형, 다이어트가 '자기 관리'로 요구되는 사회의 시선이 낯설게 느껴진 것이다. 자기 관리라는 언술은 관리되지 않은 자신에 대한 혐오를 내재하기 때문이다.

외모 관리를 실천하면서 겪는 고통, 상처, 분열, 분노는 어마어마하다. "그렇게 힘든 걸 알면서 왜 하냐"는 비난도 이런 고통을 배가시킨다. 하지만 혼자만의 고민에 갇혀 있기보다는 비슷한 문제를 겪고 있는 다른 여성들에 주목하기 시작한 경우도 있다. 자신이 겪었던 고통을 해석할 커뮤니티를 찾고, 변화와 대안을 찾아야겠다는 마음이 드는 것이다. 식이 장애를 앓던 오뷰는 자신의 블로그에서 이와 관련된 정보와 경험을 나누며 "여성들이 자기다움을 찾았으면 좋겠다"는 생각을 하게 된다.

오뷰(23세, 대학생) 사람은 이중성이 있잖아요. 나는 나를 사랑하는 나도 있지만 싫어하는 나도 있어요. 떼쓰는 나도 있고 다독이는 나도 있고. 저한테 식이 장애는 제 안에 있는 두 개의 내가 싸울 때 나오는 거라고 생각해요. 현실에서 도망가고 싶을 때 나오는 게 식이 장애고.

그 자체가 문제가 아니라 배경이 문제라 생각해요. 종지부는 없고 타협해 가는 거죠. 이렇게 개방적으로 말할 수 있게 되고, 잘 먹을 수 있게 되고, 규칙에 나를 가두지 않게 된 게, 올해가 되어서야 그렇게 된 것 같아요.

식이 장애를 가진 사람은 나쁜 음식, 좋은 음식이 있고, 나쁜 행동, 좋은 행동이 있어요. 모든 걸 나를 살찌게 하는지 안 하는지로 판단해요. 제 경우에는 너무 졸린데 잠자는 걸 허용하지 못했어요. 잠 자면 살찔 거야. 할 일도 없는데 소파에 앉아서 '자면 안 돼' 하면서 계속 졸았어요. 자기 규칙이 자신을 굉장히 많이 파괴하는 거 같아요. 지금은 많이 자유로워졌어요. 오랫동안 그게 나를 정의했던 거라 벗어나는 건 어렵지만, 자유로워졌어요. 숨쉬기 편해졌어요. …… 슬픈 일 아닌가요? 각자 다양한 내가 있고, 정체성이 있는 건데, 고유한 내가 되는 게 정상이 될 수 없으니.

어머님들 운동하는 헬스장 가보면, 몸을 쥐어뜯는 게 보여요. 어머님들은 몸으로 하는 일이 많은데, 아이를 낳는다든지 하면서 신체적 변화도 크잖아요. 왜 우리는 그걸 축하하지 못하고 미워할까요? 인간은 아름다움을 추구한다면서, 행복도 아름다움인데, 우리는 왜 행복하지 못한 걸까요?

저는 평생 나를 있는 그대로 사랑하지 않고 정상의 기준에 나를 끼워 맞추기 위해 내가 아닌 사람으로 살았기 때문에 아팠던 거거든요. 저는 사람들이 있는 그대로 자기를 사랑해야 그게 자기만족이라고 생각해요.

아름다움에 대한 환상이 스스로를 혐오하고 자책의 급류에 휘말리게 만든다. 자신이 불완전하다는 느낌, 끊임없는 자기 관찰, 나이 먹는 데 대한 두려움, 통제력 상실의 쳇바퀴를 돌게 만든다.

___실비아 슈나이더, 『여자로 살기, 여성으로 말하기』(2003, 현실문화연구) 중에서

지금까지 우리는 성형이나 다이어트를 결심하는 순간부터 그 이후까지 일련의 구체적인 과정과 현장을 살펴보았다. 우리는 대부분 '꾸미기 좋아하고 외모에 집착하는' 여성들의 모습에 대해 쉽게 이야기하면서도 실제 다이어트 과정이나 성형 과정은 보고 싶어 하지 않으며, 따라서 잘 드러나지 않는다. 외모 관리의 결과만 드러나지 과정은 보이지 않는 것이다. 다이어트로 인한 신경증과 식이 장애를 비롯한 심리적 문제, 성형 부작용 등에 의한 건강 위협 등 외모 관리로 인한 후유증은 비포 애프터 사진에 나타나지 않는다.

성형 미인과 자연 미인이라는 이분법, 성괴(성형 괴물)와 의느님(성형외과 의사)과 같은 신조어는 성형의 일상화를 암시하는 동시에 외모 가꾸기에 많은 시간을 들이는 '원래부터 예쁘지 않은' 여성에 대한 혐오를 드러낸다. 그렇기 때문에 외모 관리는 '아무도 모르게' 진행되어야 한다. 환자로서의 권리도, 고객으로서의 권리도 당당히 주장할 수 없는 이 같은 여성들의 사회적·심리적 조건을 악용한 성형 시장의 각종 과장 광고와 물량 공세는

더욱 강력해지고 있다.

여기 이런 한국의 현실 속에서 고군분투하는 여성들이 있다. 거식증과 폭식증이라는 다리를 건너, '나다움'에 대해 고민하며, 자기혐오를 양산하는 사회에 목소리를 내기 시작한 그녀들. 고독보다는 연대를 선택한 그녀들의 외침에 귀 기울여 보는 건 어떨까?

보론 〉〉 외모 지상주의의
재갈 풀기

__김고연주

중앙대학교 사회과학연구소 전임연구원으로, 한국연구재단의 지원을 받아 박사후국내연수를 하고 있다. 주요 연구 분야는 청소년 성매매, 섹슈얼리티, 십대·여성 문화다. 지은 책으로는 『길을 묻는 아이들』(2004, 책세상), 『친밀한 적』(2010, 이후, 공저), 『조금 다른 아이들, 조금 다른 이야기』(2011, 이후), 『여성주의 역사쓰기』(2012, 아르케, 공저), 『우리 엄마는 왜?』(2013, 돌베개)가 있으며, 번역한 책으로는 『성적 다양성: 두렵거나 혹은 모르거나』(2007, 이후), 『남성 페미니스트』(2004, 또하나의문화, 공역)가 있다(E-mail: beadnet@hanmail.net).

외모는 생존의 문제

솔직히 여자 연예인들의 경쟁적 노출, 성형 등을 보고 있으면, 여자들의 구직난이 떠오른다. 먹고살 길이 정말 없는 듯하다. 이제는 연예인뿐 아니라 텔레비전이나 매체에 나오는 모든 여성들도 그 경쟁 대열에 ㅜㅜ___소설가 A

뜨끔해서 드리는 말씀이지만……제게 관심은 직장인 월급과 같고, 무관심은 퇴직을 의미해요. 월급을 받아야 살 수 있는 것. 하지만 월급이 삶의 목표가 아니듯, 제 목표도 관심이 아니에요. 훌륭한 연기자가 되는 것이에요.___연예인 B

2013년 7월, 소설가 A와 연예인 B의 트위터 설전은 크게 기사화되어 많은 논쟁을 낳았다. 양쪽의 의견 차이는 여성의 외모를 어떻게 볼 것인가에 대한 시각 차이에서 비롯된다. 외모를 성공 수단이나 생계 수단으로 본다면 여성 연예인들의 노출과 성형은 '저렇게까지 해서 먹고살아야 하나'라는 생각에서 안타까운 일이 될 수밖에 없다. 그러나 외모를 능력이자 자본으로 본다면 여성 연예인들의 노출과 성형은 '자신의 능력과 매력을 발산하고 고양시키는 행위'라는 점에서 긍정적으로 간주된다. 특히 데뷔하고 8년 동안 무명이나 다름없었던 연예인 B가 섹시한 이미지를 내세운 후로 단박에 스타 반열에 올라선 현실은 여성 연예인들의 노출과 성형에 대한 안타까움을 무색하게 한다.

더욱이 노출과 성형은 여성 연예인들의 전유물이 아니다. 숏팬츠가 젊은 여성들의 일상복으로 자리 잡았고, 성형으로 얼굴이 바뀐 지인을 못 알아보는 일도 흔해졌다. 영국『이코노미스트』지는 2011년에 한국이 인구 1천 명당 13.5명으로 성형수술을 가장 많이 한 나라라고 보도했다. 또한 국제미용성형수술협회(ISAPS)에 따르면 2011년, 세계 성형 시장 규모는 200억 달러(21조 원)이고, 한국의 성형 시장 규모는 25억 달러(5조 원)로 세계 성형 시장의 4분의 1을 차지한다. 강남의 산후 조리원에서는 갓난아기를 대상으로 한 성형 마사지가 유행하고, 공중파를 비롯한 각종 동안 선발 대회가 성행한다. 중·장년층 여성들은 조금 더 젊어 보이기 위해 보톡스를 맞고 얼굴 리프팅 시술을 받는다. 그야말로 요람에서 무덤까지 여성들은 외모에서 자유롭지 못하다.

소위 '몸으로 먹고산다'는 연예인이 아닌 일반 여성들도 다이어트와 성형 등 외모를 가꾸는 데 여념이 없는 현실은 외모가 성공이나 생계의 문제만은 아니라는 사실을 보여 준다. 가슴이 파인 상의와 숏팬츠를 입은 여성에게 왜 이렇게 노출을 했냐고 물어본다면 "사회적 성공 또는 생계를 위해서요"라고 답하는 여성은 거의 없을 것이다. 하지만 화장을 하지 않으면 집 앞 슈퍼에도 가지 못하고, 고용과 승진을 위해 다이어트와 성형을 하며, 거식증과 폭식증이 반복되다 자기혐오에 빠지며, 다이어트를 위해 인간관계를 멀리하고, 성형수술을 받다가 사망하거나 부작용을 비관해 자살하는 여성들이 적지 않다. 이런 면에서 현대 한국 사회에서 외모는 여성들의 신체적·심리적·사회적 생사가 달려 있는 생존의 문제다.

우리 사회의 외모 지상주의는 현재 매우 심각한 상황이다. 전 연령대의 여성들뿐만 아니라 남성들도 외모 관리의 압박을 받고 있다. 일견, 외모 지상주의가 심각하다는 데에는 이견이 없어 보인다. 그럼에도, '외모 관리'에는 그 나름의 '장점도 있다'고 진단된다. 외모 관리를 통해 자신의 매력을 드러낼 수 있고, 인간관계도 좋아지며, 사회적 성공의 가능성도 높아진다는 것이다. 외모 지상주의를 문제시하면서도, 외모 지상주의와 외모 관리를 별개인 것처럼 간주하며, 외모 관리를 통해 얻을 수 있는 혜택들에 주목하는 언설이 지배적인 사회에서 외모 지상주의의 문제 또는 단점에 대해 이야기하는 것은 번번이 과녁을 벗어날 수밖에 없다. 마치 인종주의 사회에서 인종 문제에 대해, 성차별주의 사회에서 성차별에 대해 문제를 제기해도, 번번이 무력화되는 것처럼 말이다.

"다이어트를 하고 나서 취직이 됐다" "성형을 하고 나서 자신감이 생겼다" 따위의 이야기들은 확대 재생산되어 여성들을 자극하고 격려한다. 그러나 외모 관리를 하면서 겪는 고통과 좌절, 불안과 실패와 자기혐오 등의 부정적인 경험들은 게으르고 노력하지 않는 자들의 변명으로 치부될 뿐이다. 다이어트를 하면서 겪는 심리적 고통과 좌절감은 '간절함'과 '의지력'을 감별하는 바로미터로 아름다운 외모를 얻기 위해 스스로 감당해야 하는 감정이다. 성형의 실패와 부작용은 돌팔이 의사를 만났거나 의료 행위에 있을 수밖에 없는 의료 사고를 당한 운이 없는 사례라고 동정 받는다. 심지어는 지나친 욕심을 부린 대가라고 손가락질 받기도 한다.

이런 현실은 '외모 관리의 장단점'이라는 얼핏 객관적으로 들리는 용어가 사실은 외모 관리의 장점에 귀 기울이고 단점에 귀를 막음으로써 외모 관리를 합리화하고 있음을 드러낸다. 외모 지상주의는 이성애 문화, 자기 계발 담론, 미디어, 미용·성형 산업 등이 복잡하고 단단하게 얽혀 있는 사회의 결과물이다. 특히 엄청난 이윤을 창출하는 산업이지만 외모 지상주의를 통해 이득을 보는 이들은 잘 보이지 않는다. 개인의 자발적 선택 또는 아름다워지고 싶은 여성의 본성적 욕망이라는 언설에 의해 자신을 관리하는 개인과 아름다움을 획득한 여성들만이 부각되고 있을 뿐이다.

복잡한 욕망 앞에 선 페미니즘

사실 외모 관리는 페미니즘의 가장 어려운 문제 중 하나다. 여성들의 다양성, 성적 자기 결정권, 자신감과 자존감, 연대 등의 가치를 지향해 온 페미니즘은 외모 관리에서 이런 가치들의 부분적 실천과 부분적 좌절의 공존을 목도하고 있다.

페미니즘은 여성들이 남성 시선의 대상으로 타자화되는 것에 대해 오랫동안 문제를 제기해 왔다. 남성을 시선의 주체로, 여성을 시선의 타자로 위치시키는 이분법은 여성을 남성의 시선, 즉 성적 욕망·감시·판단의 대상으로 전락시켰다(멀비 1993). 특히 남성의 성적 욕망을 충족시켜 주기 위해 여성은 몸으로 환원되거나 몸의 일부로 분절되었다. 여성은, 자신을 판단하고 사회적인 수용을 주관하는 남성의 시선에 맞춰 자신의 몸을 가꾸어야 할 대상으로 인지하게 된다. 마치 파놉티콘에 수감된 죄수처럼 '익명의 가부장적 타자'인 남성들에 의해 끊임없는 감시당하는 여성들은 남성의 시선을 체화하고 남성의 욕망을 충족시키는 쪽을 선택하게 된다(Fredrickson and Roberts 1997).

이런 몸으로의 환원, 성적 대상화에서 벗어나기 위해 페미니즘은 성의 해방을 주장했다. 여성이 남성의 성적 욕망을 충족시켜 주는 대상이나 도구가 아니라 성적 욕망을 지닌 존재임을 강조하며, 성적 실천을 스스로 관장할 수 있는 권리를 실현시키기 위해 노력했던 것이다. 이런 과정에서 여성의 몸은 여성의 성적 욕망과 실천을 드러내는 자유의 현장으로 재구성되었다. 여성들은 노출이라는 방식을 통해 자신이 성적 존재이며, 사신이 몸의 주인임을 주장하기도 했다(김고연주 2010).

그러나 이런 페미니즘의 지향은 성을 강조하는 소비문화와 맞물리면서 여성의 성적 측면을 강조하는 결과를 초래했다. 소비문화에 의해 욕구는 주관의 핵심이 되었고, 섹스는 욕구의 일반적 비유로 자리 잡았다. 여성은 성적 매력을 강조한 아름다움이라는 이상에 사로잡혀 소비문화의 적극적 주체가 되었다. 오늘날 여성 외모의 협소한 기준은 섹시함과 동일시되고 있으며, 에로티시즘은 여성들의 중요한 자아 정체성이다(일루즈 2013).

이런 상황에서 페미니즘의 현실 개입은 조심스럽다. 여성들이 소비문화에 이용당하고 있다거나 여전히 남성의 시선을 체화하고 있다고 진단하기에 현실은 매우 복잡하고 모순적이다. 따라서 페미니즘은, 지금까지 그랬던 것처럼, 여성들의 생각과 자기 해석을 경청해야 한다. 이 점에서 여성들이 외모 관리에 몰입하고 있는 현실뿐만 아니라 외모 지상주의에 의해 거의 모든 여성(그리고 남성)들이 괴로움을 겪고 있는 현실에 대해 이야기하는 것은 어렵지만, 반드시 필요하다.

'못생긴 오크녀들의 자기변명이자 피해 의식'이라는 재갈에 물려 거의 모든 여성들은 발언권뿐만 아니라 신체적·심리적·사회적 생사여탈권을 박탈당해 왔다. 이제 더 이상 물러날 곳이 없다. 또한 외모 관리에 성공해 찰나적 보상을 받는 소수 여성들의 이야기도 중요하지만, 여기서 그치는 것이 아니라 외모 관리를 해야 사랑을 받고, 취직이 되며, 자신감과 자기애가 생기는 현실 자체에 의문을 제기해야 한다.

사라지지 않는 바비 인형의 불/가능성

'같은 값이면 다홍치마' '갓난아기도 예쁜 사람을 좋아한다' 등 아름다운 외모를 선호하는 것을 인간의 본성이라고 보는 수많은 주장이 존재한다. 특히, '아름다운 성'으로 간주되는 여성들이 자신의 아름다움을 드러내고 인정받는 것은 생물학적 본성이자 사회적 권리로 인식되었다. 시선의 주체로서 남성들은 여성의 아름다움을 찬양했다. 거의 모든 남성 예술가

들은 아름다운 여성에게서 받은 영감 또는 아름다운 여성과의 사랑과 실연을 재현했다.

이런 경향은 고고학, 인류학, 역사학, 미학, 문학 등에서 반복적으로 확인되면서 '불변의 진리'로 인정되고 있다. 그러나 '인간은 아름다움을 추구한다'는 문장은 사실 매우 모호하다. '아름다움'의 의미가 포괄적이고 주관적이기 때문이다. 주지하다시피 인류 역사에서 아름다움은 결코 외적인 아름다움을 배타적으로 지칭하지 않았고, 여성들의 외모 가꾸기 스펙트럼도 비교적 다양했다. 또한 아름다움을 외모에 국한시킨다 하더라도 아름다운 외모는 시대와 문화에 따라 변화했다. 물질적으로 궁핍했던 시절에는 뚱뚱한 사람이 아름다움의 표상이었다. 외모와 내면을 연결시키는 관습에 있어서도, 그런 시절에는 비만한 사람들이 너그럽고 온화한 반면, 마른 사람들은 신경질적이고 예민하다고 간주되었다. 그러나 오늘날 '비만'은 용서받지 못할 '죄'로 손꼽히고, 의학적으로 정상 체형임에도 불구하고 '주관적'으로 자신을 비만하다고 느끼는 이들이 대다수다. 게다가 비만한 사람들은 게으르고 탐욕적인 반면, 마른 사람들은 착하고 부지런하다고 간주된다.

남성의 아름다움 또한 마찬가지다. 그리스인들은 남성의 육체를 아름다움의 척도이며 이상적인 미의 상징으로 숭배했다(이명옥 2006). 중세와 근대를 거치면서 남성은 아름다움과 무관해졌지만, 신자유주의 시대에 상황은 다시 달라졌다. 미용·성형 산업이 남성들에게도 촉수를 뻗치고 있고, 여성들도 남성들의 외모에 대한 욕망을 드러내고 있는 것이다. 남성들도 더 이상 외모 관리로부터 자유롭지 않으며, 외모가 남성들에게도 중요한 능력의 하나로 자리 잡았다(김고연주 2010).

이처럼 아름다움이라는 의미의 포괄성, 가변성, 주관성에도 불구하고 '인간은 아름다움을 추구한다' '여성은 아름다운 성이다'라는 명제들은 오늘날 획일화된 외모를 아름다움과 동일시하는 것을 합리화하는 데 이용되고 있다. 오늘날 아름답다고 간주되는 외모는 미국의 바비 인형으로 구체화된다. 포스트모더니즘 시대에 가장 중요한 가치 중의 하나가 다양성이지만, 유독 외모에서만큼은 획일화된 외모가 미의 유일한 기준이 되고 있는 것이다. 더욱이 탈식민주의를 지향하면서 백인 우월주의, 인종차별 등을 철폐하기 위해 지난한 노력을 하고 있음에도 불구하고 한국인들은 서구적인 얼굴, 몸매, 피부를 흠모하고 있는 모순적인 상황이다.

실제로 미국에서조차 바비 인형 몸매의 비현실성을 드러내려는 시도들이 진행되고 있다. 약물치료센터 정보를 제공하는 미국의 웹사이트 리햅스닷컴(Rehabs.com)은 바비 인형의 신체 치수를 실제 사람 몸에 맞춰 환산했다. 바비 인형의 머리 둘레는 22인치로 미국인 여성의 평균 머리 둘레보다 2인치 더 굵지만 목은 바비 인형이 미국인 여성의 평균보다 두 배 길고, 둘레는 6인치 더 얇았다. 이렇게 가는 목으로는 큰 머리를 지탱할 수 없다. 또한 바비 인형의 허리둘레는 16인치로, 미국인 여성 평균보다 19인치나 얇았고, 바비 인형의 머리 둘레보다도 4인치나 얇다. 허리가 너무 얇아 간 반쪽과 창자가 조금 들어갈 수 있을 뿐이다. 3.5인치 둘레의 손목 때문에 무거운 것을 들 수 없으며 발목 둘레도 6인치에 불과해 네발로 기어 다녀야 한다(『동아일보』 2013/04/15). 또한 미국의 예술가 니콜라이 램은 19세 일반 여성의 평균 몸매를 바탕으로 한 바비 인형을 제작하기도 했다(〈그림 1〉, 〈그림 2〉).

이처럼 바비 인형의 몸매는 현실에서 불가능하지만, 많은 언론들이 얼굴이 작고 다리가 길며 골격이 작으면서도 가슴과 엉덩이에 볼륨이 있는 여성 연예인들을 가리켜 '바비 인형 같은 몸매' '살아 있는 바비 인형' 등의 제목으로 기사를 쓰고 있다. 이 기사들은 바비 인형 몸매의 의학적 불가능을 불식시키고, '실현 가능한' 몸매의 증거로 기능한다. 2006년, 도브(Dove)의 리얼 뷰티 캠페인의 일환으로 제작된 〈진화〉(Evolution) 동영상이 보여주는 것처럼 실제로는 대부분의 사진이 포토샵 등을 통해 조작된 것이다(〈그림 3〉). 그러나 그 과정을 목격하지 못한 여성들은 여성 연예인들의 사진과 기사 제목을 보면서 그런 외모에 현혹되고 자극을 받게 된다. 한편 포토샵을 통한 조작과 왜곡을 알고 있는 대중들은 '직찍'을 통해 거짓과 진짜를 밝혀낸다. 직찍을 통해서 '굴욕 없는' 몸매를 증명한 여성 연예인들은 '여신'의 반열에 오른다. 물론 이 여성 연예인들의 몸매는 성형수술과 혹독한 다이어트 등 막대한 비용을 들인 관리의 산물이다.

실제로 모델의 몸매와 사이즈를 지닌 여성은 4만 명 중 1명에 불과하고(Fredrickson and Roberts 1997), 모델은 전체 인구에서 가장 마른 2퍼센트의 사람들 중에서 선정된다(Strahan et al. 2006). 대다수의 여성들이 극소수의 여성을 닮고 싶어 하는 것이다. 이는 외모가 여성들 사이에서 '계급'으로 작동하기 때문이다. 오늘날의 사회는 겉으로는 계급이 없는 것처럼 보이지

〈그림 1〉(◁), 〈그림 2〉(▷)

기존의 바비 인형(〈그림 1〉와 〈그림 2〉의 왼쪽)과 니콜라이 램이 미국질병관리본부(CDC)의 19
세 여성 평균 신체 지수를 바탕으로 제작한 바비 인형((〈그림 1〉와 〈그림 2〉의 오른쪽). 램은 바
비 인형이 어린 여자아이들에게 외모에 대한 불만을 부추기고 식이 장애를 일으킨다는 논문을
읽고 이 프로젝트를 기획했다.

〈그림 3〉

도브 사가 리얼 뷰티 캠페인의 일환으로 제작한 광고 동영상 〈진화〉. 한 여성이 메이크업과 포토샵을 거쳐 화장품 광고 모델로 '진화'한다. 도브 사는 "패션 잡지 및 광고의 영향으로 인해 널리 퍼진 비뚤어진 아름다움에 대한 판단 기준을 바로잡고자" 이 영상을 제작했다고 밝혔다.

만, 외모에 따른 우대와 차별이 가정, 학교, 직장, 거리, 인터넷, 미디어 등 일상의 모든 곳에 만연한 '외모 계급사회'다(오바크 2011). 매력적인 외모를 지닌 여성들은 부, 명예, 사랑 등 사회적·심리적 인정을 더 쉽게 획득한다. 이상적인 외모로 상정된 바비 인형의 외모와 닮을수록 우대를 받고, 다를수록 차별을 받는 사회에서 여성들의 외모 가꾸기는 계급 상승을 위한 노력에 다름 아니다.

외모 지상주의의 얼굴

사회적으로 인정받는 외모의 기준이 협소하기 때문에 대부분의 여성들은 외모에 의한 차별을 경험한다. 이런 면에서 우리 사회는 외모 계급사회지만, 한편으로 '외모 민주화 사회'로 간주되기도 한다. 과거에는 아름다운 외모가 '천부적'인 것이어서 개인의 노력으로 바꿀 수 없는 불공평이 존재했다면, 이제는 자신의 선택과 노력에 따라 바꿀 수 있게 되었다는 것이다(이상윤 2013). 다이어트, 식품, 스타일, 성형, 제약 등 다양한 산업들에 의해 몸이 연기·조작·전시의 대상으로 재현되고, 개량 가능해졌기 때문이다. 이 산업들과 미디어로 인해 아름다운 몸이라는 가치와 몸의 완성이라는 목표는 '민주화'되었다. 이런 상황에서 몸의 조작과 개량은 개인의 의지와 경제적 능력에 달린 문제로 간주되고 있다. 아름다운 외모가 개인이 사회에 온전하게 소속되는 한 가지 또는 유일한 방법이지만, 동시에 누구나 의지만 있다면 아름다운 외모를 지닐 수 있다는 것이다(오바크 2011).

외모 민주화 사회라는 진단은 외모 계급사회를 옹호하고 합리화는 근거로 작동한다. 외모 관리를 통해 얼마든지 계급 상승이 가능한 사회에서 협소한 미의 기준에 들어맞지 않는 외모를 지닌 여성들은 외모를 가꾸려는 노력을 하지 않은 것으로 간주된다. 게으르거나, 고집이 세거나, 탐욕스러워서 자기 관리를 하지 않은 결과이기 때문에 외모에 따른 차별도 자초한 것이 된다. 외모 하위 계급에 머무르는 것은 자신의 선택이자 책임인 것이다.

이런 외모 계급사회이자 외모 민주화 사회의 가장 큰 특징은 외모 평가가 하나의 '문화'로 자리 잡았다는 것이다. 외모에 몰입하고 외모가 가장 큰 관심사인 사회에서 외모 평가는 일반적인 인사, 안부, 칭찬, 관심의 표현이 되었다. 외모에 대한 긍정적 평가의 언사를 주고받는 일은 좋은 인간관계를 맺는 첫걸음이다. 얼굴, 몸매, 피부, 헤어스타일, 옷, 화장, 가방, 신발, 안경에 이르기까지 외모에 대한 평가는 누구나 참여할 수 있는 대화의 소재다. 특히 외모가 계급, 자기 관리, 성품, 취향 등이 집약되어 있는 아이콘을 넘어 정체성으로 간주되는 여성에게(Fredrickson and Roberts 1997) 외모에 대한 긍정적인 평가는 관심, 칭찬과 동일시된다.

이런 분위기에서 외모 평가가 원래 '언어 성희롱'에 포함된다는 사실을 환기시키는 것은 반감을 불러일으킬 뿐이다. 호의와 칭찬이라는 상대방의 '맥락'과 '의도'가 있었다는 이유로, 외모에 대한 긍정적인 평가를 언어 성희롱으로 규정하는 것은 사회성이 결여된 융통성 없는 원칙주의로 비판받기 마련이다.

긍정적이건 부정적이건 상관없이 모든 외모 평가를 언어 성희롱으로 규정했던 것은 특히 여성을 외모로 판단하고 평가함으로써 여성을 외모로 환원시키는 행위를 제지하기 위해서였다. 그러나 긍정적인 외모 평가의 허용은 부정적인 외모 평가도 따라서 허용하는 결과를 초래했다. 부정적인 외모 평가 역시 악의나 비하가 아닌 '사실' 또는 '자극'이라는 '맥락'과 '의도'가 있었다고 합리화된다. 협소한 미의 기준에 들어맞지 않는 것은 사실이므로 이를 지적함으로써 자기 관리를 자극하는 것은 결과적으로 당사자를 위한 행위가 되는 것이다. 따라서 이런 발언에 불쾌해 하거나 이의를 제기하는 것은 외모에 대해 칭찬만 받고 싶어 하는 유치함의 발로이거나 지나친 자기애에 빠져 현실을 부정하는 것으로 간주된다.

이런 외모 평가 문화에서 결국 모든 여성들은 어떤 형태로든 외모 평가 발언에 노출된다. 외모 평가 발언은 크게 칭찬과 비난으로 구분되지만 두 발언이 미치는 영향은 동일하다. 바로 협소한 미의 기준을 충족시켜야 한다는 강박이다. 칭찬받고 싶고 비난받기 싫은 것은 인지상정이지만, 외모 평가의 영향력은 이보다 훨씬 입체적이다.

이런 칭찬을 들은 여성은 '구별 짓기'를 통한 자부심을 느끼게 되고, 듣지 못한 여성은 자신의 외모를 점검하게 된다. 긍정적인 외모 평가는 발화 순간 발언을 들은 사람과 듣지 못한 사람을 차별하는 효과를 낳는다. 또 긍정적이든 부정적이든 외모 평가를 들은 여성들은 자기 관리에 더욱 매진하게 되고, 관리를 할수록 자신에 대한 평가와 대우가 달라지는 경험을 하게 된다(Fredrickson and Roberts 1997). 이상적인 외모 기준과 가까워질수록 세상이 얼마나 살기 편해지는가를 절감하게 되는 것이다. 따라서 외모 관리는 삶의 질을 개선하기 위한 투자로 간주된다. 특히 여성들의 외모 관리는 전문 지식, 영어 공부, 독서, 인맥 관리, 동호회 활동 등 다른 자기 계발과는 달리 가시적인 결과를 통한 즉각적이고 확실한 보상을 약속하기 때문에 무엇보다 가치 있는 투자로 선호된다.

이런 상황에서 미용·성형 산업의 발전은 얼굴, 몸, 젊음 등의 외모가 통제 가능하다는 인식을 전파하고 있다(Strahan et al. 2006). 수술이 점점 더 저렴하고 안전해짐에 따라 수술을 '시술'로 생각하는 여성들이 증가하고 성형은 일상화·정상화된다(태희원 2012). 이를테면 주름살 제거술은 '기능성 화장품의 연장' 내지는 '훨씬 효과적이고 효율적인 관리'로 간주되면서 기능성 화장품과는 구별되는 부작용의 위험, 금전적 비용 등의 차이가 불식되고 있다(로우드 2011). 또한 여성들은 어떻게 하면 안전하고 저렴하며 자연스러운 수술을 할 수 있는지, 먹고 싶은 욕구를 조절하면서 다이어트에 성공할 수 있는지 등의 정보들을 적극적으로 공유한다. 이런 정보 공유는 익명성에 바탕을 둔 인터넷에만 국한되지 않는다. 가족, 학교 친구, 직장 동료 등 일상에서 얼굴을 맞대는 여성들 간의 정보 공유도 활발하다. 특히 인위적인 관리를 했지만 자연스러워서 다른 사람들이 알아차리지 못해야 하는 '관리의 역설'을 고려했을 때 자신의 관리 사실과 방법을 공개하는 것은 큰 의미를 지닌다.

수많은 동화의 단골 소재였던, 자신보다 아름다운 여성을 질투하고 죽이기까지 했던 여성들과 달리, 오늘날의 여성들은 서로 자극하고 격려하면서 외모로 인한 차별을 받지 말자는 '자매애'를 발휘하고 있는 것이다. 물론 자신이 얼마나 힘들게 노력했는지, 얼마나 많이 변했는지를 보여 줌으로써 다른 여성들의 관심, 부러움, 인정을 통해 보상에 대한 욕구도 함께 충족하게 되는 것은 일거양득의 효과다.

아름다움을 전파하는 미디어

외모 관리를 둘러싼 여성들의 자매애는 외모 차별로 받은 상처에 대한 공감에 기인한다. 외모 계급사회, 외모 민주화 사회, 외모 평가 문화에서 외모 차별을 당하지 않는 여성은 없다. 외모 차별을 당했을 때 느껴지는 수치심과 불쾌함으로 인해 자기애와 자존감을 상실하게 되고 이는 자기혐오로 귀결된다. 많은 연구들이 외모에 대한 부모, 동료, 연인, 그리고 낯선 사람들의 부정적인 평가가 자신에 대한 불만족, 식이 장애, 심리적 불안 등으로 귀결된다고 밝히고 있다(Herbozo and Thompson 2006). 특히 외모를 내면의 거울이나 개인 정체성의 집약, 자기 책임의 산물로 보는 언설은 여성들이 외모 관리로부터 거리를 두는 것을 어렵게 만든다. 여성들이 협소한 외모 기준에 의문을 제기하고 그것에 기반해 자신을 판단하지 않는다

하더라도 다른 이들, 그리고 사회는 여성을 그 기준에 맞춰 평가하기 때문이다(Strahan et al. 2006).

여성들에게 가장 일상적이면서 직접적으로 영향을 미치는 것은 미디어다. 미디어는 여성들이 지녀야 할 외모가 무엇인지, 여성의 외모가 어떻게 내면과 연동되는지를 노골적이고 반복적으로 보여 준다. '착한 몸매' '착한 얼굴'이라는 용어가 보여 주듯이 우리 사회에는 '아름다운 것이 선하다'(the beautiful are good)는 인식이 팽배하다. 미디어에서는 협소한 미의 기준에 의거해 아름다운 외모를 지닌 여성들을 똑똑하고, 사교적이며, 친절하고, 윤리적으로 그린다. 반면에 덜 아름답다고 평가되는 외모를 지닌 여성들은 질투를 하거나, 교활하거나, 이기적인 '악녀'로 그린다. 게다가 아예 아름답지 않은 외모로 평가되는 여성들은 인간적인 대우조차 받지 못하고 놀림과 조롱의 대상이 된다. 하지만 그 여성들도 그런 대우에 분노하거나 저항하기보다는 수용적인 태도를 보인다. 아름다운 외모의 여성은 대부분 착한 성품을 지닌 것으로 재현된다. 이런 재현에 지속적으로 노출되면 부지불식간에 자신도 외모와 성품을 연결시키게 되고, 외모 상층계급 여성에 대한 우대와 하층계급 여성에 대한 차별에 둔감해지며, 나아가 동조하게 된다(Smith et al. 1999).

이처럼 미디어에서 여성이 외모에 따라 차별적으로 재현되기 때문에 여성 연예인들은 외모 경쟁을 피할 수 없다. 아무도 협소한 미의 기준에 도달할 수 없는 조건에서 아름다움은 상대적이다. 키, 얼굴 크기, 다리 길이, 허리와 가슴 사이즈, 피부 상태 등은 누구와 비교하느냐에 따라 수시로 우열이 바뀐다. 게다가 이를테면 얼굴 크기가 작아서 우월하지만 덩달아 가슴도 작아서 열등해지는 등 몸의 부분에 따라 달라지는 우열은 여성의 자아를 분열시킨다. 이런 분열과 열등감을 느끼지 않기 위해 여성 연예인들은 마른 몸에 큰 가슴, 작은 얼굴에 큰 눈을 지닐 수 있도록 성형을 하게 되는 것이다. 물론 여성 연예인들의 성형은 성형에 대한 대중의 반응이 나쁘지 않기 때문에 가능하다. 설사 대중이 그 여성 연예인의 과거 모습을 똑똑히 기억하고 있다 하더라도 성형으로 아름다워졌다면 용납된다. '예쁘기만 하면 됐지' '원판이 어느 정도 있었으니 성형으로 예뻐지는 게 가능하지' 등의 반응은 성형이 자기 관리의 주요한 수단이며, 아름다운 외모가 무엇보다 중요하다는 가치관을 드러낸다.

성형으로 예뻐진 여성 연예인들은 비록 성형 전의 모습이 '굴욕 사진'이란 제목으로 떠돌아다닌다 하더라도 '아름다운 것이 선하다'는 명제에 의해 더 많은 인기와 더 좋은 이미지를 획득하며 과거를 극복하곤 한다. 이처럼 자기 계발로서 성형을 하는 여성 연예인들의 비교 대상은 다른 여성들뿐만 아니라 자기 자신까지 포함된다. 자신의 과거는 극복하고 개선해야 하며 잊혀야 하는 대상에 불과한 것이다.

이런 외모의 상대적 비교의 핵심은 '젊음'이다. 협소한 미의 기준에서 젊음은 가장 기본적인 속성이다. 설령 머리부터 발끝까지 빠지는 데 없이 우월한 외모의 여성일지라도 아름다움의 기본인 젊음은 결코 유지되지 않는다. 더욱이 우리 사회에 만연한 롤리타 콤플렉스로 인해 아름답고 섹시하다고 간주되는 나이가 점점 어려지고 있다. 십대 후반 또는 중반까지도 성적 대상이 되어 버린 사회에서 스무 살을 넘은 여성들의 가치는 급격히 하락한다. 외모로 가치를 인정받는 여성 연예인들에게 노화는 그 가치를 상실하는 것과 마찬가지다. 따라서 성인 여성 연예인들의 가장 중요한 과제는 나이에 비해 젊은 외모를 유지하는 것이다.

나이에 비해 젊다는 평가 기준은 피부다. 이를테면 나잇살이 찐 몸매는 옷으로 감출 수 있고 혹독한 다이어트로 살을 뺄 수도 있지만, 얼굴, 목, 손 등의 피부는 감출 수 없을 뿐더러 세월의 흔적을 보여 주는 부위로 손꼽힌다. 피부의 노화는 곧 외모 계급의 하락을 의미한다. 한 화장품 광고에서 말하듯 "여자의 피부는 권력이다." 이 광고에서는 피부가 더 좋은 여성이 더 나쁜 여성에게 왕후의 자리를 내놓으라고 당당히 요구한다. '왕후'라는 위치 선정은 여성 권력의 원천이 결국은 남성임을 보여 준다. 여성은 최고의 권력을 지닌 남성에게 선택됨으로써 '그의 여자'라는 이유로 남성 권력의 '일부'를 공유하게 된다. 왕후의 자격은 피부다. 남성은 피부를 기준으로 여성을 선택했기 때문에 피부가 더 탄력 있고 깨끗하고 흰 여성을 발견하면 언제든지 자신의 선택을 바꿀 수 있다. 여성의 권력은 남성의 선택에 따라 좌우되지만, 이 광고는 결과적으로 남성의 선택을 만드는 것은 여성 자신의 노력이라고 말한다. 소비자들은 이 광고를 보면서 피부 관리만 잘한다면 최고의 권력을 지닌 남성의 선택을 받을 수 있다는 메시지와 더불어 피부 관리를 하지 않으면 언제든지 젊은 여성에게 모든 것을 뺏길 수 있다는 메시지를 전달받는다. 여기서 이 광고의 모델은 2007년 당시 만 23세였고, 이 모델이 차지하게 되는 자리가 왕의 후처이며, 이 모델도

머지않아 더 젊은 여성에게 쫓겨나게 될 것이라는 사실은 중요하지 않다.

주름, 탄력, 미백 등의 관리로 피부가 나이보다 젊어 보이는 여성 연예인은 시간을 되돌렸다며 감탄과 부러움의 대상이 된다. 반면에 자연스럽게 나이든 모습을 보여 주는 여성 연예인은 거의 없을 뿐만 아니라, 설령 있다 하더라도 관리를 하지 않았다고 비난받거나 용감하다고 칭찬받는다. 자연스럽게 나이 드는 것이 결코 자연스러운 일이 아니기 때문이다. 결국 여성의 협소한 아름다움의 기본인 피부는 부드럽고, 탄력이 있으며, 털과 주름이 없는 상태여야 한다. 곧 여성 피부의 '유아화'(infantilisation)를 요구하는 것이다(Fredrickson and Roberts 1997).

이처럼 여성이 사랑받기 위해서는 젊고, 마르고, 섹시해야 한다는 사실을 미디어를 통해 거듭 확인하는 여성들에게 미디어는 현실과 분리된 공간이 아니고, 여성 연예인들은 자신과 무관한 존재가 아니다. 많은 연구들이, 여성들이 사회적으로 아름답다고 간주되는 여성을 봤을 때 자신의 외모를 더 부정적으로 평가한다고 밝히고 있다. 여성의 외모는 비교와 경쟁의 대상이고, 여성 연예인들은 우리 사회가 지향하는 여성 외모의 대표적인 사례이자 평가의 기준이기 때문이다(Strahan et al. 2006). 미디어는 협소한 미의 기준을 제시하고, 이를 모든 여성들에게 전파시킴으로써 외모에 몰입하는 일상을 만들고 있는 것이다.

외모 지상주의 사회에서 여성들의 삶은 '외모 경연장'이다. 여성들은 외모 경쟁에서 살아남기 위해 끊임없이 고군분투해야 한다(로우드 2011). 그러나 전술한 대로 협소한 외모 기준에 부합하기란 불가능하며, 그런 기준에 가까워진다 하더라도 상대적이고 일시적인 것에 불과하다. 일각에서는 외모 관리를 여성들의 선택, 권리, 행복이라고 주장하지만, 외모 관리를 통해 정말로 여성들이 자기 결정권을 행사하고 행복해졌는지에 대해서는 회의적일 수밖에 없다. 많은 여성들이 협소한 외모 기준에 맞추는 것이 선택이 아니라 강압이며, 이를 위해 자신을 타인의 시선으로 재단하고, 자신을 혐오하게 되었다고 이야기한다. 하지만 현실을 변화시키기는 쉽지 않아 보인다. 외모 지상주의는 너무나 공고해서 출구 없는 폐쇄 회로 같다.

외모 지상주의가 사라질 기미는 보이지 않고, 외모를 관리하지 않으면 차별을 당하게 되는 현실에서 여기에 편승하는 것이 훨씬 합리적인 선택일 수 있다. 차별을 받고 싶지 않다는 인간의 기본적인 욕망은 페미니즘의 기폭제였다. 실제로 많은 여성들이 '자매애'를 발휘해 정보를 공유하고 격려하면서 함께 외모 관리를 하고 있지 않은가.

그러나 이런 현실 편승과 수용은 외모 지상주의를 더욱 강화하는 반면 여성의 역량을 감소시키는 결과를 초래했다. 우리 사회에서 여성의 외모는 '필수적인 능력'이기 때문에 전문직 여성이라 하더라도 외모 관리를 하지 않으면 능력이 부족한 것으로 평가된다. 따라서 아름다운 외모를 지니지 못한 여성은 전문직에서도 경쟁력이 떨어진다. 승무원, 의사, 변호사 등 소수의 전문직 여성들에게도 외모가 중요한 자질로 요구되는 현실에서 여성들은 직장에서 외모도 가꾸어야 하고 업무의 전문성도 높여야 하는 이중의 부담을 안고 있다. 때로는 여성에게 업무의 전문성보다 외모 관리를 요구하기 때문에 여성들은 결과적으로 자신의 일로부터 소외되거나 자신의 일에 대한 자부심도 줄어들기 쉽다. 게다가 여성의 능력으로 간주되는 외모 기준은 젊은 시절에 국한되어 있고, 그 기준은 점점 어려지고 있으며, 그 기간은 계속 단축되고 있다. 외모가 중요한 곳에서는 여성의 능력도 사라지는 것이기 때문에, 외모 관리에 열심이었다 하더라도 요요 현상으로 살이 찌거나, 수술 실패로 '성괴'가 되거나, 더 이상 젊지 않다고 간주되면 얼마든지 쉽게 다른 여성으로 교체될 수 있다. 여성이 존재 자체가 아니라 외모로 평가되고 사랑받는다면 이런 교체 가능성은 직장뿐만 아니라 애정 영역에서도 마찬가지가 된다. 여성들은 사적으로나 공적으로나 '시한부' 인생을 살게 되는 것이다.

더욱이 외모 관리는 자신의 모습을 개선하는 것에 대부분의 시간, 에너지, 돈을 쏟게 만든다. 자신의 내면은 물론, 타인과 다양한 사회문제에 관심을 갖거나 개입할 수 있는 여력이 그만큼 줄어드는 것이다(로우드 2011). 이런 맥락에서 여성들의 협소한 외모 기준이 바비 인형인 것은 우연이 아니다. 웃고는 있지만 피가 흐르지 않고, 말을 하지 않는 인형처럼 여성들은 외모 관리에 몰입하느라 자신의 내면을 돌볼 기회와 타인과 소통할 능력을 상실해 가고 있는지도 모른다.

외모 관리가 이렇게 득세할 수 있었던 것은 인간의 자기만족에는 반드시 타인의 인정이 필요하다는 속성을 파고들었기 때문이다. 외모 관리가 '자기 계발' '역량 강화' '힐링'으로 인식될수록, 사람들을 힘들게 하는 것은 오직 자신만이 예뻐지지 못한 채 정체되어 있다고 느끼는 상대적 박탈감과 외로움이다(박상욱 2013). 외모 관리가 여성들에게 선택, 권리, 행복이라는 주장은 타인으로부터 받는 인정의 중요성을 강조한다. 그러나 실제로는 서구적이고 남성 중심적인 미의 기준에 가까워져야만 인정받을 수 있다는 점에서 자기만족은 사라지고 타인의 인정만 남은 것 같다. 협소한 미의 기준에 맞추기 위해 노력하다가 신체적·심리적·사회적 고통을 겪으면서 여성들은 외모 관리가 과연 누구를 위한 것인지 자문하게 된다.

공감의 가능성과 연대의 필요성

이제 여성 권력과 정체성의 원천으로서 날씬함, 예쁨, 젊음, 섹시함을 대체할 수 있는 것을 찾아야 한다(오렌스타인 2013). 페미니즘은 여성들이 타인의 시선의 대상이 아니라 삶의 주체가 되고, 여성들 간에 경쟁과 비교가 아니라 연대를 지향하며, 여성의 몸이 나이, 사고, 질병 등에 의해 변할 수 있다는 사실을 수용하고, 여성을 몸이 아니라 존재 자체로 사랑한다. 또한 계급, 인종, 민족, 성, 성적 취향 등에 근거한 모든 형태의 차별에 문제를 제기한다.

이런 맥락에서 외모 지상주의는 외모를 하나의 또는 유일한 특권으로 만드는 심각한 차별이다. 외모 관리는 여성의 몸에 해를 끼치고, 자기표현과 자연스럽게 늙어 갈 권리를 제약하며, 여성의 세력화를 와해시킨다. 또한 자신을 사랑하기 어렵게 만들기 때문에 다른 여성도 사랑하기 어렵게 만든다. 외모로 인해 생기는 차별은, 다른 차별들과 마찬가지로 개인의 존엄과 사회적 평등이라는 가치를 위태롭게 만든다(로우드 2011).

외모 계급사회, 외모 민주화 사회, 외모 평가 문화는 결코 혼자 힘으로 바꿀 수 없다. 외모로 평가받는 것을 거부할 수 있는 힘, 협소한 미의 기준에서 벗어나 자신만의 매력이 아름답다는 자신감, 외모 관리에 편승하지 않는 용기와 실천은 사실 타인의 인정과 지지가 있을 때 가능하다. 여성들의 지지와 연대는 결코 허울 좋은 이상이 아니다. 여성들은 누구나 외모로 인한 차별과 고통의 경험이 있기 때문에 공감의 가능성과 연대의 필요성은 이미 구축되어 있다. 이것이 외모 지상주의의 자가당착이며, 여성들이 외모를 자신의 전부가 아니라 일부로 구성해 내고, 분열적이고 파편화된 자아가 아니라 통합되고 유기적인 정체성을 지닐 수 있는 출발점이다. 실제로, 협소한 미의 기준에 주눅 들기보다 자신의 미의 기준을 정립하고 실천하며 타인의 아름다움을 발견하고 존중하는 여성들이 적지 않다.

아름다움과 행복의 의미 변화는 이미 시작되었다.

참고문헌

김고연주. 2010. "나 주식회사와 외모 관리." 『친밀한 적』. 이후.

로우드, 데버러 L. 2011. 『아름다움이란 이름의 편견』. 권기대 옮김. 베가북스.

멀비, 로라. 1993. "시각적 쾌락과 내러티브 영화." 서인숙 옮김. 유지나·변재란 엮음. 『페미니즘/영화/여성』. 여성사.

박상욱. 2013. "그녀 뼈를 깎다: 내 딸의 약약 수술." 「이야기하자, 압구정역 4번 출구」. 한국 성형 실태 및 대안 모색을 위한 포럼 자료집. 남윤인숙 의원실·한국여성민우회.

오바크, 수지. 2011. 『몸에 갇힌 사람들』. 김명남 옮김. 창비.

일루즈, 에바. 2013. 『사랑은 왜 아픈가: 사랑의 사회학』. 김희상 옮김. 돌베개.

이명옥. 2006. 『꽃미남과 여전사 1』. 노마드북스.

이상윤. 2013. "의료 상업화의 첨병, 미용성형산업: 의료 측면의 규제 방안." 「이야기하자, 압구정역 4번 출구」. 한국 성형 실태 및 대안 모색을 위한 포럼 자료집. 남윤인숙 의원실·한국여성민우회.

태희원. 2012. "'즉각적인 몸 변형' 기술로서의 미용성형과 몸 관리의 정서." 「젠더와 문화」 5(2).

오렌스타인, 페기. 2013. 『신데렐라가 내 딸을 잡아먹었다』. 김현정 옮김. 에쎄.

Fredrickson, Barbara L., Tomi-Ann Roberts. 1997. "Objectification Theory: Toward Understanding Women's Lived Experiences and Mental Health Risks." *Psychology of Women Quarterly*. 21.

Strahan, Erin J., Anne E. Wilson, Kate E. Cressman, Vanessa M. Buote. 2006. "Comparing to perfection: How cultural norms for appearance affect social comparisons and self-image." *Body Image* 3.

Smith, S. M., W. D. McIntosh, D. G. Bazzini. 1999. "Are the beautiful good in Hollywood? An investigation of the beauty-and-goodness stereotype on film." *Basic and applied social psychology* 21(1).

Herbozo, Sylvia and J. Kevin Thompson. 2006. "Development and validation of the verbal commentary on physical appearance scale: Considering both positive and negative commentary." *Body Image* 3.

2부   다른 모습으로

그거 반의반만 먹어.

저러니까 살이 찌지.

몸이 그렇게 뚱뚱한 여자가 미니스커트 입는 건 시선 공해야

뚱 뚱 해 서

일은 제대로 할 수
있겠어?   쟤 좀 미련하지 않냐?

그런 여자가
미니스커트 입는 건
시선 공해야.

산 후 조 리 명함을 줬어요.

착한 몸매, 주걱턱, 돌출 광대, 작은 가슴,
다이어트, 뱃살 빼기, 운동, 시술, 지방 흡입

거식증, 성형중독 성형괴물, 자연미인

살을 빼야 남자를 만나고,

고기가 된 느낌이었어요.

다섯 살 때부터 엄마가 **다이어트**를 시켰어요.

요즘 맘 편한가 봐. 살 올랐어.

옷 터지겠다.

화장 꼭 하고 다녀라.

너 살 **빠**지니까 예뻐졌다

그래야 상처 받아서 살을 빼지.

아프지 않으면 사랑받을 수 없으니까요

먹을 거 다 먹고 언제 살 뺄래

너 관리 좀 해야겠다.

여자는 예쁜 게 최고야. 얼굴이 예뻐야 여자지.

큰 사이즈는 **안** 나와요

너는 수술 안 하니?

남자를 만나야 결혼을 하지!

몸에 작용하는 언어의 권력은

성적 억압의 원인이기도 하고,

그 억압을 넘어설 방법이기도 하다.

_____주디스 버틀러, 『젠더 트러블』 중에서

"거울 속에 비친 나를 보며

나는 왜 항상 내 몸을 가려야 하지? 라는

생각이 들 때가 있어요."

저한테 맞는 옷이 없는 거예요. 동대문을 다 뒤져도

"이거 예쁜데 ○ ○ 사이즈 있어요?"
그러면 없는 거예요.

88, 99 사이즈는 없는 거죠. 한 시간을 돌고 나면 결국 옷을 고를 수 있는 데는
한군데밖에 없어요. 남성복 코너. 그때 갑자기 눈물이 핑 돌더라고요.

사실 아무리 페미니즘을 접한다고 해도

20년 이상 자기 몸에 체화된,

큰 몸에 대한 혐오가 사라지진 않았어요.

다양한 사람들이 더 다양하게 매체에 노출이 되어야 할 것 같아요. 그러다 보면 빅사이즈의 사람들도 예쁘게 보이는 때가 오지 않을까요? 남자 주인공은 나이도 많고, 아저씨 같고, 덩치 있고 좀 찌질해 보여도 주인공으로 많이 나오는데, 여자들은 찌질한 역을 맡아도 예뻐야 되고 식모를 해도 예뻐야 되고 글래머여야 되고 청순해야 되고……

잘 안 팔리는 삐딱한 여자들, …… 엉덩이가 비대한 여자들, …… 너무 못생긴 여자들, 피부는 늘어지고 얼굴엔 주름이 자글자글해서 성형수술로 주름살도 펴고 지방흡입도 하고 코도 세우고 싶지만 돈이 없는 여자들, 항상 불안한 여자들……. 나는 그런 여자들 편에서 그들에 대해 이야기하려는 것이다. 왜냐하면 나이트에 전혀 신경 쓰지 않으면서도 날씬하며, 성형외과 의사의 도움을 받지 않고도 영원히 젊음을 유지하는, …… 사람들이 우리의 코앞에 들이대며 본받도록 노력하라고 닦달하는, 그런 이상적인 여성을 나는 한 번도 만나 본 적이 없으며, 이런 행복한 여성이 사실 내 생각에는 결코 존재하지 않기 때문이다.

_____비르지니 데팡트, 〈킹콩걸〉 중에서

취업이 안 되면 본인 스스로 이유를 많이 찾잖아요. 저는 학벌이라든지, 영어 성적 같은 데서는 취직이 안 되는 이유를 더 이상 찾을 수가 없어서 외모나 인상, 말투 때문이려고 생각하게 됐어요. 그래서 더 이상 스펙으로 채울 수 없는 걸 다이어트로 채운 것 같아요. 이유를 찾다 찾다 외모가 아닌가 생각한 거죠.

신생아밖에
없는데도
외모에
신경 써야
해요.

살이 찐 사람이 의료적인 조언을 하면 환자가 받아들이지 않을 수 있어서 병원에

서는 마른 체형을 원해요. 일부 병원들은 승무원 뽑듯처럼 병원이 원하는 외모 취

향대로 간호사를 뽑아요.

사람은 '여성'이 될 때 '여성'이라는 범주가 짊어진 역사적 여성 혐오의 모든 것을 일단 받아들인다. 그 범주가 부여하는 지정석에 안주하면 '여성'은 탄생한다. 그러나 페미니스트란 그 '지정석'에 위화감을 느끼는 자, 여성 혐오에 적응하지 않는 자들을 가리킨다. 따라서 여성 혐오로부터 출발하지 않는 페미니스트는 없다. 페미니스트가 된다는 것은 이 여성 혐오와의 갈등을 의미한다.

_____우에노 치즈코, 『여성 혐오를 혐오한다』

베스트 슬리머상이라고,
지금 몇 킬로그램인데
앞으로 몇 킬로그램을 더 빼면
상을 주는 제도가 공식적으로
시행되고 있어요.
얼마 전에는 승무원 다섯 명 정도에게
살이 많이 쪘다고 휴직해서 살 빼고 나오라고도 했어요.
한 명은 승무원직에서 일반직으로 아예 전직을 시켰어요.
결국 한 후배는 회사를 그만두더라고요.
너무 자존심이 상해서.

파업 후에 요구가 받아들여져서
사람들이 열심히 커트 머리를 하고 다녔는데,
체크 점수가 낮게 나온 거예요.
그것뿐만 아니라 한 20명씩 그룹을 만들어서
장을 한 명 정해 놓고는,
머리를 묶는 게 더 예쁠 거 같다는 식으로
계속 얘기했어요.

일을 하면 할수록 배울 게 정말 많아요. 1년마다 응급 구조 자격증을 갱신해요. 무슨 일이 벌어지면 조치를 해야 하니까요. 옛날에 어떤 행사에서 어떤 사람이 거품 물고 쓰러져서 알고 있던 응급조치를 척척 해버렸죠. 다 한 번씩 실습해 본 일이었으니까요. 그런 것들이 축적되는 게 아주 자부심이 커요.

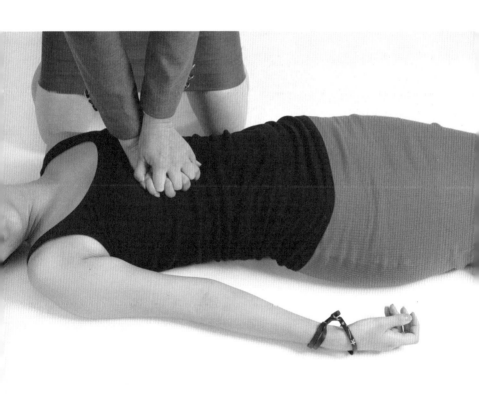

다들 김아중처럼 변하지는 않거든요.

그게
일종의
환상이에요.

이쪽 눈이 아파서 안대를 끼더라도 다른 쪽 눈은 렌즈를 껴요. 애들이 돈이 없으니까 눈에 정말 안 좋은 오천 원짜리 컬러 렌즈, 서클 렌즈 같은 거 끼고, 뻑뻑하거나 살짝 찢어져도 참고 껴요. 입에 넣었다가 눈에 다시 끼고……. 눈이 제일 예뻐야 한다고 생각해요.

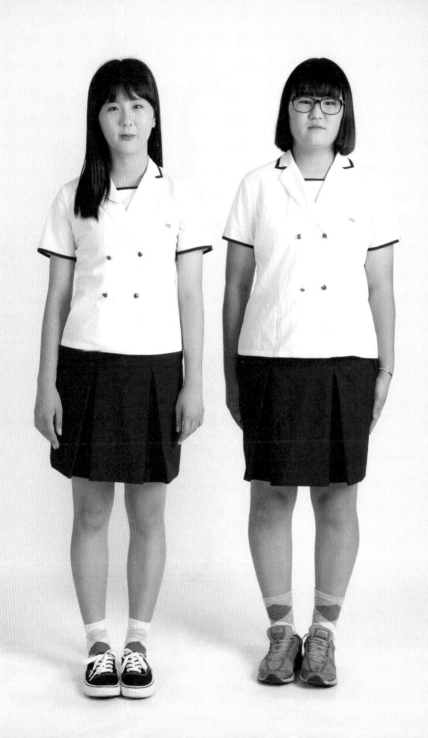

중학교 땐 괜찮았는데 점점 날씬해지고 싶더라고요. 관심도 받고 싶고 사랑도 받고 싶은데 말로 하기는 싫고. 식이 장애는 다이어트 때문에 생기는 게 아니라 마음의 병인 것 같아요. 저는 예뻐지기 위해 날씬해지고 싶었던 것보다는, 야위어서 사람들에게 관심 받고 동정 받고 싶은 마음 …… **내가 아프지 않으면 사랑받을 수 없으니까, 아파야만 했어요.**

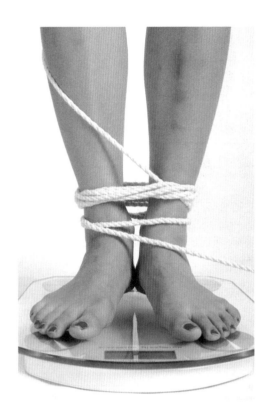

어느 날 엄마한테 너무 아파서 못 견디겠다고 전화했던 것 같아요. 음식도 제대로 먹지 못하고 공황장애 때문에 몸이 아팠어요. 사실 심리적인 문제였는데 엄마는 계속 소화기과만 데리고 갔죠. 당연히 병원에서는 이상이 없다고 했어요.

살은 계속 빠지고.

그래서 엄마한테 어느 날,

"나 여기 있으면 안 되고 정신병원에 가야 돼"라고

했어요.

잠 자면 살찔 거야. 할 일도 없는데
소파에 앉아서 '자면 안 돼' 하면서 계속 졸았어요.
자기 규칙이 자신을 굉장히 많이 파괴하는 거 같아요.
지금은 많이 자유로워졌어요.
오랫동안 그게 나를 정의했던 거라 벗어나는 건 어렵지만,
자유로워졌어요. 숨쉬기 편해졌어요.
…… 슬픈 일 아닌가요?
각자 다양한 내가 있고,
정체성이 있는 건데,

고유한 내가 되는 게 정상이 될 수 없으니.

저는 평생 나를 있는 그대로 사랑하지 않고 정상의 기준에
나를 끼워 맞추기 위해 내가 아닌 사람으로 살았기 때문에
아팠던 거거든요. 저는 사람들이 있는 그대로 자기를 사랑
해야 그게 자기만족이라고 생각해요.

한 번도 외모나 이런 게 중요하지 않았던 적은 없던 것 같아요.

눈코는 기본이고 요즘은 가슴까지 많이 해요.
자기만족도 있겠지만, 이렇게 하고 왔을 때 회사에서 대우가 달라져요.

못생긴 여자한테 메이크업 받고 싶어 하지 않잖아요.

변화와 성장은 우리가 겪는 어려움이
고정적이지도 영원하지도 않다는 것을 믿을 뿐만 아니라
고통을 '자원화'할 때 가능하다.
…… 고통은 변형되어야 하되 잊혀져서는 안 되고
부정되어야 하되 지워져서는 안 된다.

_____정희진 『페미니즘의 도전』, 교양인 2005, 25.

내가 바꾸고 싶은 건 얼굴이 아니라
　　　　　나를 바라보는 사회의 시선이다.

_____비키 라이트(가족섬유형성이상증을 앓고 있는 프리랜서 기자)

인터뷰에 참여한 여성들이 모두 사진 촬영에 응한 것은 아니었다. 사진을 통해 '보이는' 나를 확인하고 그것을 있는 그대로 세상에 드러내는 것이 어려운 일이라는 걸 잘 알고 있었기에 이미 예상한 바였다.

사진을 찍기 전, 이 프로젝트를 담당한 활동가와 만나 몇 차례 회의를 했다. 그녀들을 만나기 위해 인터뷰 내용을 살펴보고, 인터뷰에는 다 드러나지 않는 그녀들의 사정도 들어보았다. 이번 기획의 목적은 다양한 몸의 권리와 여성의 몸을 둘러싼 사회적 현실을 드러내는 데 있었고, 이미 그런 현실을 함축하고 있는 그녀들의 '말'이 있었기에 여기에 이미지가 어떤 영향을 미칠지 고민이었다. 일반적으로 이미지가 텍스트와 만났을 때 이해와 상상을 지배하거나 텍스트의 의미를 제한하는 경향이 강해서 이 사진 작업이 얼마나 그녀들의 이야기를 잘 표현할 수 있을까, 더 나아가 그녀들의 이야기를 더욱 풍부하게 만드는 데 기여할 수 있을까가 문제였다. 이 작업의 성패는 그녀들과 카메라의 시선을 통해 얼마나 교감하며 소통하는지에 달려 있을 것이라 생각했다.

다행히 하나둘 그녀들을 만나면서 나의 걱정은 조금씩 사라졌다. 그녀들은 나의 카메라가 자신들의 몸 이면에 존재하는 이야기에 초점을 맞추고 싶어 한다는 것을 잘 알고 있었다. 카메라 앞에 서서 몸으로 자신의 이야기를 드러내는 특별한 체험을 공유하며 사흘을 보냈다. 한편으로 그녀들의 모습에는 여성의 몸을 둘러싼 사회적 기준과 요구에 시달리며 스스로를 괴롭혀 온 우리 모두의 모습이 숨어 있었고, 또 한편으로는 스스로 몸의 욕구에 귀 기울이며 당당히 살아가고자 하는 욕망이 숨어 있었다. 좀 더 많은 여성들이 이들처럼 당당히 설 수 있기를, 이 사회가 여성의 몸에 들이대는 여성적인 몸의 기준을 폭력으로 바라보고 거침없이 하이킥을 날릴 수 있기를 기대한다. 다양한 모습으로 살아가는 이 사회의 수많은 그녀들을 지지하며, 마지막으로 이 말을 하고 싶다. 당신은 있는 그대로도 아름답습니다. ___사진작가 혜영

다르니까 아름답다 기획단 후기

이 책의 인터뷰에는 민우회 활동가와 다르니까 아름답다(이하 다름다) 기획단이 함께 참여했다. 기획단은 대학생부터 직장인까지 다양한 여성들의 자발적인 참여로 이루어졌다.

'다르니까 아름답다' 기획단 모집 공고를 보고, 그 취지에 무한 공감했다. 나 역시 일상 속에서 '외모'에 관한 말들을 들어 왔고, 스트레스를 받았기 때문이다. 인터뷰를 여러 차례 하면서 '내가 알던 외모 관리는 정말 새발의 피였구나!'를 실감했다. '수술'과 '시술'의 경계, 수많은 주변의 압박이 일상화되어 많은 사람들을 괴롭히고 있었다. 작년 이맘때쯤 나는 하루를 수박 두 조각으로 버티며 두 시간씩 운동을 하고 있었다. 그러나 지금은 아니다. 물론 날 둘러싸고 있는 환경은 변하지 않았고, 여전히 외모 관리에 대한 주변의 압박을 받고 있지만, 최소한 마음가짐은 달라졌다. 있는 그대로의 나, 현재의 나를 사랑해 주고 싶어졌다. 다름다 기획 활동은 '성형, 다이어트를 한 나'만이 아름다운 것은 아님을 알려 줬다.__하늬 인터뷰를 하면서 나는 한 문장으로 요약되는 단호한 의견보다는 혼란스럽고 질문투성이의 이야기에 더 마음이 끌렸다. 멋진 언니들도 많이 만났다. 이 언니들의 다른 이야기도 궁금해졌다.__**사비**

외모 지적받는 것이 불쾌하면서도 나 또한 다른 이를 지적하고 있었다. 그 지적이 타인을 위한 것이라는 핑계로 더욱 잔인하고 신랄하게 지적하던 사람이 나였다. 나는 취업을 준비하면서 겪었던 외모 스트레스가 다른 사람들과 비교했을 때 가장 힘들고 부당하다고 한탄했다. 그러나 그녀들을 만나면서 나보다 더 힘겨운 상황에서도 나와는 달리 씩씩하고 꿋꿋하게 이겨 나가는 그녀들을 보면서 많은 반성을 하게 되었다.__**믹맥**

내 몸에 대해 너무 가혹하고 무심했다는 생각이 든다. 바쁘게 걸어가다가 잠시 멈춰 서서 다른 사람들의 웅성거림을 엿들을 수 있는 기회였다.__**문문**

지금도 여전히 블라우스와 스커트, 하이힐 등 여성적인 의상을 즐겨 입는다. 그리고 그게 좋다. 다름다 기획단을 하면서 성별로만 결정되지 않는 여성 정체성을 구성할 필요가 있다는 생각이 들었다. 외모 지상주의를 비판하면서 그에 적합한 대안을 동시에 제시하는, 말하자면 '외모 꾸미기 액티비즘' 같은 것이랄까?__**막심**

한국 사회에서 여성으로 살면서 외모 가꾸기가 진짜 나로부터 비롯된 것인지 누군가에 의해 강요된 것인지 나조차 헷갈린다. 초라해지는 나를 안아 주고 싶기도 하고, 페미니스트로서 '외모 가꾸기'에 연연한다는 주변 눈총이 괜히 신경 쓰이기도 했다. 모순적으로 들리겠지만 내가 나의 이런 고민을 긍정하는 것부터가 '외모 가꾸기'의 압박으로부터 자유로워지는 시작이라고 생각했다. 그리고 그 긍정 이후에 훨씬 마음이 가벼워지고 내 살을, 내 뼈를 사랑하게 되었다.__**사랑**

지금 이대로도 괜찮다고 속삭이며 내 몸을 있는 그대로 받아들이기 위해 노력하고 있다. 하지만 쉽지 않다는 것을 인정한다. 아주 오래 노력해야 할 것 같다.__**단풍**

실천 2 >> 내 몸을 사랑하는
40가지 방법

당신은 자신의 몸을 사랑스럽다고 생각해 본 적이 있습니까? 이 질문에 "네"라고 자신 있게 대답할

수 있는 한국 여성은 많지 않을 것이다.

여기 모인 40가지 방법은 민우회의 "다르니까 아름답다" 캠페인을 지지하는 이들이 트위터, 페이스

북, 이메일 등을 통해 보내 온 글들을 모은 것이다. 이는 일상에서 외모로 인해 상처받은 마음을 달

래는 방법이기도 하고, 건강한 몸과 마음을 만들기 위한 노력이며, 내 모습을 있는 그대로 받아들이

기 위한 주문이기도 하다. 여기 모인 방법은 40가지뿐이지만 이 책의 독자들은 꼬리에 꼬리를 무는

새로운 방법들을 계속해서 발견할 수 있을 것이다.

소 소 하 게　　행 복 하 게

맨손으로 비누칠하기!

"저는 내 몸을 사랑해 주기 위한 한 가지 방법으로, 샤워할 때 샤워볼 없이 맨손으로 비누칠을 해요! 하루에 한 번씩, 머리부터 발끝까지 내가 내 손으로 내 몸 전체를 토닥토닥 다독여 주며, 오늘 하루도 수고했다~ 고맙다~ 고 인사를 하는 것! 샤워볼의 거품 가득한 매력도 매력이지만, 이렇게 토닥토닥 마사지하듯 맨손으로 샤워하는 것도, 내 몸을 훨씬 더 긍정하게 되는, 기분 좋은 일이랍니다♬!"___노새

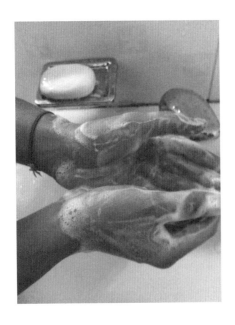

자주자주 조물조물 만져 주기

"가끔씩은 내 몸에서 예쁜 점을 부각시켜 봐요. 그리고 자주 조물조물 만져 줘요. 팩이나 매니큐어를 바르기도 하면서 예쁘게 꾸며 줘요. 사람마다 다 예쁜 부위, 장점이 있다고 생각해요."___나래

"매니큐어 칠하기는 그냥 색깔만 칠하는 게 아니라 정성을 쏟아야 하는 일이에요. 큐티클층 불리고, 니퍼로 잘라 내고, 표면 잘 다듬고, 오일 발라 주고. 근데 정작 남들한테 크게 보이는 부분은 아니잖아요. 매니큐어는 정말 자기만족인 듯. 잘 손질해 놓고 다니면, 문득문득 보일 때마다 기분이 좋아요."___이니셜 D

내 몸의 이름 불러 주기

"머리끝부터 발끝까지 평소 신경 쓰지 않는 부분까지(예를 들어, 정수리, 쇄골뼈, 팔꿈치) 하나하나 이름을 불러 주며 날 위해 있어 줘서 고맙다고 인사해요! 머리끝부터 시작해서 엄지발톱까지 내려오면 마음이 참 가벼워져요." ____성아

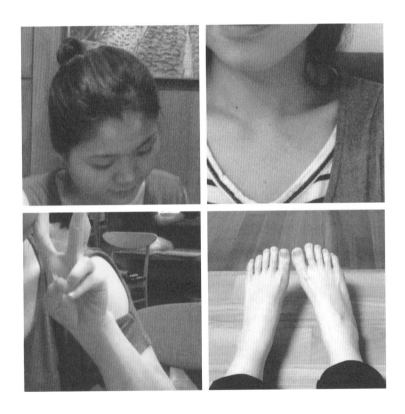

4
전신사진을 찍으며 나에게 예쁘다고 말해 주기

"제일 마음에 드는 옷을 입고 전신 거울 앞에서 모델처럼 포즈를 취하고 거울 보면서 직접 예쁘다~ 예쁘다~ 해줘요. 나 정도면 훌륭하지 뭐! 이런 말도 하고. 외모 지적하는 사람들 때문에 화가 날 때도 화장 예쁘게 하고 사진 찍어서 봐요. 이렇게 예쁜데 그 사람 참 이상하네! 하면서"____헤나

5
사랑을 담은 눈빛 보내기

"거울을 보며 사랑의 눈빛을 나한테 보내요. 너무 오글거리죠? 하지만 은근히 재밌어요. 그리고 거울을 보며 나만의 강점을 발견하며 혼자 훈훈해 합니다."

____모후아

"목욕을 하고 나와서 거울 앞에 알몸으로 서서 막춤을 추는 거예요! 내 몸이 아름답다고 느껴지고 기분이 좋아져요."____용가리

쉼을 즐기기

"여행, 자연에 들기, 멍 때리면서 아무것도 안 하고 쉬기, 족욕, 스트레칭, 냉온욕 사우나^^"___뽕당

"산책을 합니다. 묘하게 자연과 하나가 되는 느낌이 들어요. 녹아드는 느낌이랄까?"___멍군

"푸우우욱~ 아주 푸우우욱~ 깊이 잡니다. 몸에 대한 평가들로 지친 제 몸을 위해 12시가 넘으면 기절하듯 푹 자요."___아이몽

"이미지로만 몸을 판단하면 좌절감이 느껴지거든요. 그래서 가끔은 여행가서 길게 걸으며, 쉬며, 튼튼한 몸을 느낄 때 기분 좋아져요."___단호박

활짝 웃고, 씩씩하게 걷기

"기분 좋은 생각을 하며 활짝 웃고 나면 뱃살도 초라해 보이는 옷차림도 더 이상 고민되지 않아요. 기분 좋은 얼굴로 집에서 나와 씩씩하게 걷습니다."___회재

맛있게 먹으며 음식과의 관계 고민하기

"주머니 사정 걱정 않고 좋아하는 음식 먹으며 "으음~" 한껏 즐겨요."___혜영

"일주일에 적어도 세 번은 집 밥을 먹어요."___눈사람

"먹지 말아야 한다는 생각은 접고 좋아하는 음식을 맘껏 먹어요. 저는 초콜릿을 좋아한답니다."___제이

사랑받았던 순간 떠올리기

"누군가 내 외모를 가지고 뭐라고 하면 어린 시절로 돌아가 봐요. 존재 자체로 예쁘다는 말을 끊임없이 들었던 그 시절을 기억해 내면 '너의 평가는 중요하지 않아'라는 마음이 저절로 생겨요."＿＿인숙

10

나만의 의미를 담은 글자를 몸에 새기기

"제 발에 문신이 있거든요. 근데 이걸 처음 하겠다고 마음먹었을 때가 정말 자존감이 바닥을 쳤을 때에요. 그냥 모든 문제가 저 때문이라고 생각했어요. 그때 너무 충격을 받아서 꽃을 새겼거든요. 만개한 꽃을 그렸는데, 절대 지지 말자는 그런 의미였어요. 늘 펴 있을 거야! 백날 예쁠 거야! 24시간!"___재희

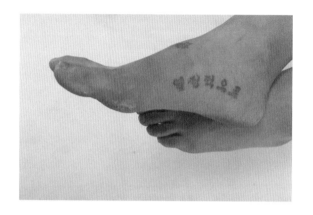

11

귀여운 낙서하기

"콤플렉스로 생각되는 부위에 귀여운, 의미 있는 낙서를 해주곤 해요! 못났다고 생각하지 않고 그냥 그 녀석을 지그시 바라봐요. 사랑스런 눈빛으로."___쏠

12

몸이 갖고 있는 재생력 느끼기

"몸이라는 게 꼭 전체적인 모양을 가리키는 건 아니잖아요. 저는 피부랑 머리카락을 가꿔요. 잘 씻고, 잘 말리고, 잘 발라서 매끈매끈하게 만들면서 내 몸이 원래 갖고 있는 재생력을 만끽해요. 전 그럴 때 사람 몸이 참 대단하고 예쁘다고 느껴지더라고요." ___ 혜민

13

몸의 감정을 존중하기

"저는 몸을 움직이고 춤추는 걸 즐겨요. 몸의 감정을 존중하고 느끼려고 노력하면서. 몸의 움직임으로 다른 몸과 교감할 수 있는 기회를 갖게 되기도 합니다." ___ 혜영

14

드라마 보지 않기

"전 이상한 기준이 득실득실한 드라마를 멀리하면서 좀 더 나만의 기준을 찾을 수 있었어요." ___ 진냥

15

일부러 안 하던 짓 하기

"일부러 화장 안 하기. 일부러 안경 쓰기. 머리 확 잘라 버리기. 치렁치렁 긴 머리 잘랐을 때 무섭기도 했지만 오히려 '여자답지 않은 모습'이고 싶은 마음이랄까요? 내가 자신 없고 긍정 못하는 걸 일부러 해요."___모구

16

몸을 움직이기

"예를 들어 달리기를 할 때 달리기 자체를 싫어하거나 좋아하거나를 떠나서 내 몸이 달리도록 믿고 내버려 두는 거요."___데조로

"스트레칭을 해요. 하루 종일 앉아서 일하면 몸이 좀 굳는 느낌인데 일하면서 화장실 갈 때 스트레칭을 한 번씩 하면 개운해져요."___알리

"저는 요즘에 클라이밍을 배우고 있어요. 살을 빼기 위해 그러는 건 아니고, 몸을 움직이는 거 자체를 잘 안하는 것 같아서요. 에전엔 몰랐던 등 근육이 느껴져요."
___소다

말 하 고   말 하 고   또   말 하 고

타인과 내 이야기 나누기

"캠페인이 계란으로 바위 치기지만 의미는 있다고 생각해요. 목소리만으로도 의미가 있는 거죠. 저만 잘 산다고 되는 게 아니잖아요. 왜, 자기를 사랑한다고 하면 잘난 척한다고 생각하잖아요. 하지만 그러면 더 행복하게 살 수 있는데……. 이런 생각을 저만 갖고 있는 게 아까워요. 너무 아까워서 이야기로 써서, 다른 사람도 이걸 보고 위로까진 아니더라도, 잠깐만이라도 공감이 될 수 있었으면 좋겠다는 마음에서 시작했어요. 쪽지를 쓰는 아이디어는 미국에서 오퍼레이션 뷰티풀이란 캠페인을 했던 분의 허락을 받고 가져오게 됐어요."___오뷰

무례하다는 걸 알게 해주기

"고등학교 때나 어릴 때 제가 듣기도 했었지만 …… 명절 때 보면 몸무게 변동이 많은 여자 사촌들도 있잖아요. 친척 중에 삼촌이나 또래 남자 사촌들이 몸에 대한 코멘트를 엄청 많이 했어요. 연휴가 끝나고 각자 집으로 돌아갔는데 삼촌이 했던 말이 자꾸 생각나서 문자를 보냈어요."___시무룩

19

사람들에게 내 몸에 대해 말해 주기

"그거 알아요? 사실 난 좀 다른 몸이에요! 가슴 아래 남들은 없는 뼈가 나와 있거든요. 기형의 일종인데 사람들한테 일부러 얘기해요. 나는 좀 다른 갈비뼈를 가진 것뿐이라고!"___이상한 나라의 앨리스

20

말하기 싫을 땐 노코멘트하기!

"상사가 '○○ 씨, 성형수술 한 것 같지 않냐?'라고 물을 때 노코멘트 하겠다고 말합니다."___은아

나에게만 있는 긍정적인 면 생각하기

"키가 작으니까 마인드 컨트롤을 하는데, 땅에 붙어서 사는 건 똑같다고 생각한다든가, 대신 손이 예쁘다거나 비율이 좋다거나 다른 긍정적인 면을 생각해요. 나한테 좀 더 어울리는 옷을 입고요. 키 작은 게 콤플렉스이긴 한데, 그런 콤플렉스 하나쯤 가지고 살 수 있다는 생각을 해보기도 해요. 얼굴도 예쁘장하지 않지만 대신 귀여운 게 어디야 싶기도 하고. 아이고, 부끄럽네요."___폴

의지 키우기

"내 몸을 사랑하는 방법은, 의지에 있다고 생각해요. 남들에게 자극 받아사는 인생 말고 진짜 본인이 행복해서 만드는 몸은 의지가 굳건해야 하거든요."

___슛돌이

23

친구에게 말해 주기

"주변의 외모 지적에 상처받은 친구에게 말합니다. 정신 차려! 주눅 들지 마! 바보들에게 너의 몸을 맡기지 마. 진짜야!"___지은

24

멍 때리기

"외모 지적을 들을 때 멍하니 딴 생각해요. 얘기가 끝날 때까지 머릿속으로 무인도에 가서 집을 한 채 짓고 오면 끝나 있죠."___짤방매니아

고생한 내 몸에게 말해 주기

"자기 전에 이런저런 말로 고생한 내 몸에게 '오늘 수고했어, 고생 많았어. 이제 잊어버리자'라고 위로해 줘요." ___토닥토닥

주문 외우기

"파니핑크의 여주인공이 생각나요. 주인공이 매일매일 '나는 나를 사랑한다'라고
주문을 외우거든요. 저도 파니처럼 주문이 필요해요." ___ss

몸 도   마 음 도   해 방

몸이 보내는 신호에 맞춰 생활 습관 바꾸기

"와이어 없는 브래지어를 차고, 굽 없는 운동화를 신습니다."___은아

"제가 허리가 안 좋아요. 작년부터 허리와 관련한 운동을 많이 하죠. 낮은 단화나 편한 구두를 신게 됐어요. 가방도 한쪽으로 매는 가방에서 양쪽으로 매는 걸로 바꾸고요. 정장에 색 매면 어때. 이렇게 바뀌었죠."___마소

"집에서만이라도 브래지어를 벗는다! 시원하다!"___달개비

"욕심 부리지 않아요. 몸이 말하는 신호에 귀 기울여요."___단팥

내 알통 자랑스러워하기

"저는 가장 덥다는 대구에서 한여름에 복싱 체육관을 다니는 학생이에요! 팔에 힘 딱 주고 근육을 만지작만지작할 때 힘이 세지는 것 같고 자랑스러워요~"___사랑

거울을 보며 말하기 "내 몸은 문제없다"

"내 외모를 남과 비교하지 않으려고 노력해요."___가혜

남의 몸에 대해 오지랖 부리지 않기!

"텔레비전을 봐도 외모 얘기 많이 하잖아요. 그런 거 보면 화가 많이 나요. 본인 이 괜찮다는데 내버려 두지. 예전에 저도 상대방을 염려한다는 이유로 살 빼라 마라 얘기를 많이 했었어요. 근데 생각해 보니 그것도 오지랖이라는 걸 깨달은 거예 요. 내가 왜 나서서 내 몸인 것처럼 함부로 얘기하고 있나 싶더라고요."___모구

31

페미니즘 만나기

"생리하는 것도 너무 짜증나고 긴 머리, 치마, 제모 이런 게 너무 싫은 거예요. 귀찮고. 원래는 여자라서 챙겨야 하는 것들이 너무 많으니까 남자가 되고 싶었어요. 그런데 페미니즘을 만나면서 긍정을 했죠. 그리고 요새는 내가 남자가 아닌 게 다행이라고 생각해요. 페미니즘을 통해서 여자라 차별받는 것들을 설명할 수 있게 됐고, 다른 차별을 당하는 사람들도 공감할 수 있게 되었어요. 이게 정말 중요한 것 같아요."___류

32

빅뷰티 알리기

"작년쯤에 빅뷰티라는 계정으로 트위터를 만들었어요. 번역하자면 '큰 아름다움' 정도의 뜻이에요. 제가 처음 트위터에 입문하면서 나는 어떤 걸로 시작하면 좋을까 생각하다가 제가 제일 잘 아는 것, 가장 잘 말할 수 있는 게 무엇일까 고민하다가 만들게 되었어요. 이 트위터로, 나는 언제 내 몸을 혐오했고, 언제 사랑하게 되었고, 어떻게 사랑하는지, 그리고 누가 내 몸을 어떻게 좋아해 줬고, 어떻게 싫어했는지, 이런 역사를 말하고 있어요."___빅뷰티

33
남의 시선에서 벗어나 나를 보기

"20대 초반에는 매일매일 24시간 의식적으로 노력한 것 같아요. 내 몸은 예쁘다, 통통한 배는 예쁘다, 저 라인은 아주 아름다운 것이다, 계속 생각했어요. 잠들기 전에도 '아! 아름다운 배 만지고 싶어. 나온 배 통통통! 귀여워. 아이 섹시해' 이러면서 자고. 일단 제 시선, 사회적으로 교육받은 눈 자체를 바꾸려고 노력한 것 같아요."___재희

34
내 삶을 긍정하는 마인드 컨트롤

"내가 살아온 걸 받아들이는 게 필요한 것 같아요. 실패라고 해서 그걸 부정하면 나를 부정하는 거죠. 잘했든 못했든 내가 만들어 낸 거고, 선택한 거고, 그게 몸으로 드러나는 거니까요. 미래는 다가오지 않는 미래가 아니잖아요. 지금부터 만드는 거니까. 일단 받아들이고 미래를 만들어 가는 거죠. 지금 이 순간 나를 행복하게 하는 게 무엇인지 알고, 스트레스 안 받고 먹고, 스트레스 안 받고 걷고. 살을 빼야 한다는 강박이 아니라 오늘은 나와의 약속을 지켜 주자고 생각하는 거죠."___선화

35
내 몸에 익숙해지기

"홀딱 벗고 거울 앞에 서서 마음에 안 드는 부분을 쳐다봅니다. 손으로 가려 보기도 하고요. 그러면 남들이 비루하다 말하는 몸도 있는 그대로 받아들일 수 있게 됩니다."___정

36
다른 사람들을 볼 때 그 자체의 예쁨을 보기

"주입된 미의 기준을 가지고 사람을 보지 말고 통통하면 그 하얗고 보들보들함이 사랑스럽다고 보는 거죠. 이렇게 해보면 남들도 역시 나에 대해 이런 시선을 견지하는 게 가능하다는 걸 알 수 있어서 주입된 미의 기준과는 다른 기준이 현실에서 실제로 작동한다는 걸 실감하게 되요."___이니셜 D

"제가 닮고 싶은 여자들을 찾아봐요. 매일 보는 광고 속 모델, 여자 연예인들 말고요. 세상의 기준에서 '못생기고', '뚱뚱하다'고 하는 여성들이 얼마나 멋진지 주변에 알려 주고 싶어요."___멋진 언니

37

주름을 나이테와 같다고 생각하기

"점점 나이 드는 게 신경 쓰이는 순간이 있어요. 그럴 땐 주름을 나무의 나이테와 같다고 생각하고 있어요. 주름은 내가 살아온 시간을 담고 있으니까." ___규희

38

다이어트는 건강을 위한 것임을 잊지 말기

"중3 때부터 운동을 하면서 늘 살을 빼왔어요. 처음 운동할 때는 남들이 뚱뚱하다고 해서 살을 빼기 시작했는데, 나중에는 운동 때문에 체력이 좋아져서 그런지 이틀 밤을 새도 멀쩡하더라고요. 사실 다이어트라는 것은 건강하게 살기 위해 하는 거라는 걸 요즘에야 느끼고 있어요." ___익명

39

불법 광고를 신고해요

"지하철을 타거나 인터넷 서핑을 할 때 보면 선정적인 이미지나 부작용에 대한 설명이 없는 성형외과 광고들을 보게 되는데요, 예전에는 이런 거 신고해도 안 바뀔 거라고 생각하고 귀찮아서 넘어갔는데, 캡처하거나 신고하면 조사가 들어간다고 하더라고요." ___행동하기

미워하지 않고, 힘을 합쳐요

"바로 옆에 누군가와 비교를 당하면 괜히 그 사람이 밉거든요. 근데 그러지 않으려고 노력해요. 오히려 몸을 평가하는 누군가를 같이 욕해요. 그리고 용기를 내서 이 문제에 대해 함께 목소리를 낼 더 많은 사람들이 모여 있는 곳을 찾아가요."

_____데이지